AF309938

ALBIN DE MONTVAILLANT

JEAN CAVALIER

(1681-1740)

.... Je fis sçavoir à la cour, que je mourrois gayement avec la pluspart de tout le parti, plustost que de n'obtenir une paix générale. Qu'il estait dangereux d'oster tout espoir de salut à des personnes, qui ont les armes à la main.

Mémoires du duc de Rohan, p. 113.

PARIS

E. DENTU, ÉDITEUR

Librairie de la Société des gens de lettres.

GALERIE D'ORLÉANS, 15-17-19, PALAIS-ROYAL.

—

1884

JEAN CAVALIER

Il a été tiré de cet ouvrage 401 exemplaires, dont :

300 sur beau papier carré

et 101 avec autographe,

dont 100 sur papier de Hollande,

Et un exemplaire unique sur papier bleu-clair,

ALBIN DE MONTVAILLANT

JEAN CAVALIER

(1681-1740)

.... Je fis sçavoir à la cour, que je
mourrois gayement avec la pluspart de
tout le parti. plustost que de n'obtenir
une paix générale. Qu'il estait dangereux
d'oster tout espoir de salut à des personnes, qui ont les armes à la main.

Mémoires du duc de Rohan, p. 113

PARIS

E. DENTU, ÉDITEUR

Librairie de la Société des gens de lettres.

GALERIE D'ORLÉANS, 15-17-19. PALAIS-ROYAL.

1884

JEAN CAVALIER

1681-1740

CHAPITRE 1er.

Révocation de l'Edit de Nantes (22 octobre 1685).

Jean Cavalier, fils d'Antoine Cavalier, cultiva-
teur, et d'Elisabeth Granier, est né le 28 novembre 1681, au *Mas-Roux*, maison de campagne,
à 2 kilomètres du village de Ribaute (*ripa alta*),
canton d'Anduze (Gard); il était le second de
trois garçons (1).

____

(1) Les prénoms des trois enfants d'Antoine Cavalier étaient :
Antoine, Jean et Pierre ; ce dernier, né en 1787, lutta cons-

La maison de Cavalier, rasée par le maréchal de Montrevel, plus tard réédifiée, a été, en 1858, détruite par un incendie ; elle ne s'est pas relevée de ses ruines. Les murs d'enceinte sont seuls visibles ; l'emplacement de la maison est planté de mûriers.

Des constructions récentes se sont élevées à côté des derniers vestiges de la demeure de l'illustre partisan et forment une habitation encore appelée de nos jours *le Mas Roux*.

Au nom de Jean Cavalier, tout un passé de luttes glorieuses, de perfidies, de cruautés, se dresse devant nous.

L'intrépide défenseur de la liberté de conscience, joignant la puissance de l'épée à celle de la parole, devait, à 22 ans, battre le comte de Broglie et Montrevel, et traiter d'égal à égal avec un maréchal de Louis XIV.

C'est après la paix de la France avec l'Espagne que les violences contre les protestants des Cévennes s'accentuèrent, malgré les lois qui protégeaient l'exercice du culte, et donnèrent lieu à ces émi-

tamment auprès de son frère Jean. L'aîné et leur père, faits prisonniers dès le début de la révolte des Cévennes, étaient internés au fort d'Alais, et ne furent libérés qu'en 1704.

grations lamentables pour les proscrits et funestes à la prospérité du royaume.

C'est vers la Hollande, de préférence, qu'elles se dirigeaient de toutes les parties de l'Europe.

Les Anglais, que la haine de Marie Tudor chassait de leur patrie, les Allemands persécutés par Waldstein de Tilly, les Flamands fuyant les jugements iniques du duc d'Albe et du prince de Parme, s'y étaient rendus en foule et firent briller les églises protestantes d'un grand éclat.

Partout en France, et notamment dans le Midi, la majorité des protestants, sujets soumis du roi, ne pouvaient être accusés, depuis Richelieu et la ruine de leurs places fortes ou la mort des grands qui les commandaient, de vouloir constituer un danger pour l'Etat ; nul prétexte à une persécution politique. Le Roi n'avait pas de sujets plus soumis, les intendants du Languedoc de serviteurs plus dociles ; ils composaient la meilleure part des Français adonnés au commerce ou à l'industrie, masse bourgeoise dont la fortune datait de Colbert.

Les gouverneurs eux-mêmes avaient reconnu en mainte occasion, leurs mœurs généralement inattaquables et leur instruction supérieure à celle de l'ensemble des populations catholiques, et sauf quelques personnalités supérieures, mais isolées, leurs ministres dépassaient en savoir le clergé ; les intendants eux-mêmes, d'Aguesseau ,

Foucauld, de Noailles, n'avaient pas craint de l'attester.

C'est cette supériorité morale et matérielle, satire vivante de leurs adversaires, qui sera une des principales causes de leur perte !

Le moment arrivait où les religionnaires en devaient faire la triste expérience.

En 1685, l'édit de Nantes, cette loi fondamentale de l'Etat, confirmée par les déclarations royales de 1643 et 1652, fut révoqué, après de nombreuses hésitations du roi que l'histoire impartiale ne peut néanmoins oublier, mais qui furent malheureusement vaincues par les influences fatales qui obsédaient son esprit et les conseils de Louvois.

C'est à Elie Benoît, l'historien protestant, que nous devons la connaissance de cette hésitation, qui fait honneur à Louis XIV. Pourquoi des écrivains passionnés et injustes envers la cause de la liberté religieuse cherchent-ils à nous faire croire à une dureté inflexible qui n'était nullement dans sa nature ?

Le roi était parfaitement entouré et la lumière ne pouvait lui venir. Ce n'était pas Mme de Maintenon, ex-protestante, qui aurait osé l'éclairer ; elle eût préféré ne pas s'en mêler ; le roi était triste et

amer, l'altération de sa santé le rendait colérique ;
autour de lui des gens résolus à exploiter cette
mauvaise humeur. Cet état de santé était pour elle
une garantie d'influence ; elle se fit garde malade.

Au milieu de tous ces soins un projet l'obsé-
dait, son mariage. Encouragée par les influences
puissantes qui s'agitaient autour de lui et qui exi-
geaient un gage décisif, elle conseille la proscrip-
tion, par un mémoire, et Louis XIV consent au
mariage :

« Pour le roi, les deux choses étaient affaire de
conscience. Par la révocation, il expiait le double
adultère. Par le mariage, il s'amendait, légitimant
et régularisant la position d'une femme dévouée
qui l'avait guérie de la Montespan » (1).

La révocation est de la fin d'octobre ; le mariage
se fit dans les premiers jours de novembre, deux
ans après la mort de la reine :

« Sinistre mariage. En novembre, à l'entrée du
terrible hiver des supplices et des fuites, il se fit
de nuit, à Versailles, dans le plus grand mystère.
Ils furent mariés simplement par le curé de la
paroisse, Hébert, qu'on fit évêque pour payer **sa**
discrétion. Les témoins furent (non Bossuet, comme

---

(1) Michelet, *Louis XIV et la révocation de l'Edit de Nantes*, page 299.

on l'a dit), mais les valets inférieurs. Le roi Louis XIV, édenté et boitant d'une tumeur, et Mme veuve Scarron, dans son deuil et ses coiffes noires, s'unirent à ce moment qui, pour tant de familles, fut celui de la séparation éternelle. Déjà de toutes parts coulaient des larmes, éclataient les soupirs, et, si du côté de Paris le vent eût porté cette nuit, on eût entendu des sanglots » (1).

Le texte de l'Edit était lui-même équivoque ; empreint de ruse et de mauvaise foi, il fermait et démolissait les lieux de culte, expulsait les ministres hors du royaume, décidait que les enfants se feraient catholiques, mais ne s'expliquait pas sur les parents, dont il paraissait respecter la foi et la conscience : la police à Paris donna le commentaire. Le 19 octobre, on dit brutalement aux gens de métier, aux pauvres, qu'il fallait se convertir sur-le-champ ; ils furent terrifiés, n'objectèrent rien.

Pour le Midi, Noailles demanda explication à Louvois, qui répondit dans ces termes obscurs :
— « Le roi veut que *vous vous expliquiez* du-

---

(1) Michelet, *Louis XIV et la révocation de l'Edit de Nantes*, page 300.

rement avec les derniers qui s'obstineront à lui déplaire ». Noailles enfin comprit, et *s'expliqua* par
ses dragons (1) ».

Veut-on savoir quels étaient ces dragons, tris-
tes héros de cette jacquerie militaire, que Louvois
jetait sur nos contrées?

C'était les troupes que la paix ramenait en
France; elles avaient ravagé la Hollande, la West-
phalie, nivelé par l'incendie les pays du Rhin.
Vendôme les bâtonnait et se plaisait à exciter leurs
convoitises; le maréchal de Luxembourg, le soir
d'un assaut victorieux, disait à cette soldatesque
animée par la fureur guerrière :

— « Amusez-vous, enfants, pillez ».

La persécution prit toutes les formes de la plus
atroce barbarie : les artisans de l'exécution furent
sans pitié, la France des Cévennes sublime d'héroïsme.

Les religionnaires, surpris en assemblée religieuse, étaient sabrés et allaient encombrer les
galères; les ministres ou les prédicants étaient
livrés au bourreau; les femmes, arrachées au foyer,
savaient, en ce temps, donner l'exemple du courage.

---

(1) Michelet, *Louis XIV et la révocation de l'Edit de Nantes,* page 303.

« Un jour M. de Bâville apprend qu'une assem-
» blée religieuse doit avoir lieu dans les terres
» d'un gentilhomme protestant, M. *de Montvail-*
» *lent*. Il accourt, dissipe l'assemblée avec ses
» dragons, les morts et les blessés jonchent le sol,
» le prédicant est saisi ; destiné à servir d'exem-
» ple, l'intendant le confie au seigneur du lieu et
» l'oblige à en répondre. Celui-ci le fait enfermer
» dans une des salles du château ou Bâville logeait
» lui-même en attendant l'arrivée de ses bourreaux.

» Il apprend bientôt que le prisonnier a réussi
» à s'enfuir. Dans sa colère il accuse M. *de Mont-*
» *vaillent* d'avoir favorisé cette évasion et le me-
» nace de mort.

» Tout à coup une gouvernante des enfants du
» châtelain vient bravement déclarer qu'elle seule
» est responsable de cette évasion et brave ainsi
» la colère du fougueux proconsul.

» On raconte que Bâville hors de lui se laissa
» aller à frapper lui-même cette courageuse femme
» et la fit ensuite fouetter publiquement par la
» main du bourreau en attendant le moment de
» l'envoyer au gibet.

» Forcé néammoins d'admirer cet acte de fer-
» meté, il finit par se borner à la condamner à la
» prison et plus tard à l'exil (1).

---

(1) *Mémoires de Mme du Noyer*, t. II, page 79.

Tel était l'exécuteur implacable des ordres d'un roi inhumain (1).

« Chaque maison devint le théâtre d'une lutte acharnée entre la faiblesse héroïque et les furies de la force brutale. Les soldats, ces esclaves de la vie militaire, voyaient pour la première fois les résistances courageuses de la libre conscience. Ils n'y comprenaient rien, étaient étonnés, indignés.

» Tout ce que l'homme peut souffrir sans mourir, ils l'infligèrent aux protestants. Pincé, piqué, lardé, chauffé, brûlé, suffoqué presque à la bouche d'un four, il souffrit tout (2). »

Et cependant les apologistes effrontés de la révocation, Maimbourg, Brueys, Varillas, La Baume, ont osé écrire qu'on n'avait point persécuté !

Au milieu de tant de maux, il devait fatalement surgir des hommes courageux et dévoués qui de-

____

(1) Nicolas Lamoignon de Basville, cinquième fils du président Lamoignon, naquit en 1648 ; avocat en 1666, conseiller au Parlement en 1670, maître des requêtes en 1673, intendant à Montauban, Pau, Poitiers et enfin à Montpellier en 1685 où il résida pendant 33 ans. Conseiller d'Etat en 1697 ; il quitta le Languedoc en 1718 et mourut à Paris en 1724 à l'âge de 76 ans.

(2) Michelet, *Louis XIV et la Révocation de l'Edit de Nantes*, pag. 309.

vaient convaincre aisément les populations exaspérées à prendre les armes.

Leur voix fut entendue et la guerre des Cévennes commença.

Pendant dix ans ces courageux montagnards tinrent en échec les armées royales, luttèrent presque toujours avec succès contre elles, et vengèrent la mort des leurs, parfois par des excès aussi blâmables que ceux de leurs agresseurs.

Le brave et malheureux Esprit Séguier est fait prisonnier dans un engagement avec les troupes du comte de Broglie (1).

— « Comment crois-tu que je vais te traiter ? » dit en route l'officier du roi au prophète captif.

« Comme je t'aurais traité moi-même si je » t'avais pris. »

Le jour même il était brûlé vif au Pont-de-Montvert.

---

(1) ..... Le comte de Broglie, commandant les troupes en Languedoc, est beau-frère de M. de Basville qui trouve le secret, en faisant pendre de temps en temps quelque prédicant, de persuader à la Cour que le séjour de son beau-frère en province est fort nécessaire, et lui donne par là le moyen de faire subsister et même d'établir une grosse famille.....

(*Mémoires de Mme du Noyer*, t. I, page 9).

Il mourut en héros.

« Son air serein, sa contenance modeste, mais assurée, ses réponses, son silence même, offrirent à tous les yeux le spectacle d'un héros chrétien. Il en joua le rôle jusque sur le bûcher, sans que l'ardeur ni la violence des flammes lui arrachassent une plainte ou un soupir (1) ».

(1) Auteur anonyme de l'*Histoire des Camisards*.

CHAPITRE II.

La guerre des Cévennes. — Laporte, sa mort (1702).

Le premier de ces courageux partisans opérait
dans les hautes Cévennes, vers la fin de 1702.

Laporte Pierre, fils de Jean Laporte et de Madeleine Gras, était né au mas Soubeiran, commune de Mialet, canton de Saint-Jean-du-Gard,
le 3 janvier 1680.

Doué d'une taille élevée et d'une figure énergi-
que, il avait conservé de son métier de soldat de
la rudesse dans ses paroles et de l'énergie dans
le commandement.

Après avoir quitté le service militaire, il s'éta-

blit en qualité de maître de forge au Collet-de-
Dèze. Bientôt, à la tête de partisans déterminés,
il domine dans les hautes régions montagneuses
du Gévaudan, quand Bâville expédie contre lui
trois compagnies des milices royales commandées
par Poul.

La rencontre eut lieu à Bec-le-Jeu, près la côte
Saint-Pierre. Les insurgés s'établissent sur une
hauteur; en présence des dispositions d'attaque
des ennemis nombreux qui les assaillent, Laporte
consulte ses soldats; ceux-ci conseillent la retraite : il combat cet avis, ranime par ses paroles
ardentes leur courage, les décide à la bataille et
fond courageusement sur ses adversaires.

La lutte se prolongeant sans résultat certain de
part et d'autre, Laporte juge convenable de faire
retirer sa troupe, mais dans le plus grand ordre.

Cette lutte, quoique sans importance finale, fit
le plus grand honneur au *colonel des enfants de
Dieu*, ainsi que se faisait appeler Laporte.

Le commandant Poul n'osa pas le suivre.

L'alarme se répandit dans toutes les régions des
Cévennes, et le comte de Broglie y pénétra à la
tête de ses soldats, semant sous ses pas les fusil-
lades et les dévastations et augmentant par ces
iniquités le nombre des révoltés.

Poul, puissamment aidé, se décide à marcher

de nouveau contre Laporte. Cette nouvelle rencontre sera fatale à ce dernier.

Le 22 octobre 1702, le commandant des troupes royales est instruit que son adversaire est établi sur une crête qui domine le vallon de Sainte-Croix, non loin des châteaux du Mazel et de Témélac. Il fait arriver ses soldats avec précaution, et sans être aperçu occupe les défilés de la montagne afin d'envelopper son ennemi.

Laporte voit le danger qui menace ses soldats; il les range en bataille et commande le feu. Malheureusement une pluie torrentielle que sa troupe venait de subir rend les fusils impropres. Poul profite de cet avantage et ses soldats chargeant les Réformés, en tuent un certain nombre. Laporte ordonnait aux siens de se replier, quand il tombe mort frappé d'une balle.

Les révoltés privés de leurs chefs se sauvent, laissant toutefois 9 morts sur le champ de bataille.

Ainsi périt Laporte, le premier chef de l'insurrection Cévenole, après deux mois de commandement.

Cette perte cruelle, loin de refroidir l'ardeur des religionnaires, leur inspire un nouveau courage. Ils avaient du reste parmi eux un homme en état de remplacer un chef regretté, c'était son propre neveu que l'on appelait Roland, et qui fut mis à sa place d'un avis unanime.

Bientôt, du reste, une nouvelle et grande personnalité viendra joindre ses efforts à ceux de l'héritier de Laporte et conquérir, par son audace et sa valeur militaire, le premier rang dans l'insurrection Cévenole : c'est Jean Cavalier, l'humble paysan de Ribaute.

Les rangs des insurgés grossissent ; leurs bandes s'organisent; des chefs intrépides se lèvent : après Laporte (1) et avec Cavalier, Castanet, Roland, communiquent à leurs soldats leur exaltation et forment ce terrible triumvirat qui jette l'épouvante dans les Cévennes.

---

(1) Il y eut trois Laporte qui se distinguèrent dans les Cévennes.

L'un était ministre au *Collet-de-Dèze* et passa à l'étranger après la révocation de l'édit de Nantes. Un autre, qui s'était érigé en prédicant, fut exécuté sur l'esplanade de Montpellier en 1696 ; le troisième est celui dont il est question.

Le fameux Roland était son neveu. Rien ne nous apprend comment le nom de Roland fut substitué à celui de Laporte. Il y a lieu de penser que le nom de Roland fut un nom de guerre adopté par le héros Cévenol.

CHAPITRE III.

Jean Cavalier à la tête de l'insurrection (juillet 1702).

La date de 1681 est reconnue aujourd'hui comme la date exacte de la naissance de Jean Cavalier (1).

Nous devons déclarer, toutefois, que les registres de la commune de Ribaute n'apportent à ce sujet aucun éclaircissement. Celui qui embrasse la période de la dernière partie du xviie siècle

---

(1) Une copie de l'acte de naissance de Jean Cavalier se rouve dans les archives du présidial de Nimes (Palais de Justice).

ne contient ni son acte de naissance, ni son acte de baptême.

Un seul document dans les archives de cette commune mentionne le nom de son père : Antoine Cavalier, du Mas Roux, sans être signé par lui, faute de savoir écrire ; c'est le procès-verbal d'abjuration des habitants de Ribaute, que les malheureux, en vue d'éviter la persécution, signaient sous la dictée des gouvernants de la province (1).

PROCÈS-VERBAL D'ABJURATION DES HABITANTS DE RIBAUTE
(canton d'Anduze, Gard).

(1) L'an mil six cent huitante six, et le lundy vingt cinquiesme jour du mois de novembre, deux heures appres midi, au lieu de Ribaute, dans la maison commune, par devant M. Jean Plantier, lieutenant de Juge.

Assemblés en conseil général en la forme ordinaire M. Jean Antoine Subatier, premier consul, Jean Labrie, Isac Hugon, Jean André, Hercules Guiraud, Jean Brun, Jacques Guiraud, Jacques Chazal, Guillaume Fabre, Antoine Teissier, Claude Lauriol, Antoine Aigoin, Jacques Bremon, Jean Viala, Pierre Huguet, Louis Tibaud, Jacques Roucaute, Estienne Dufour, Gaspard Fournier, Pierre Aigoin, Antoine Pourquier, Jacques André, Pierre Flotier, Jacques Barlaguet, Claude Guiraud, Jacques Molle, Claude Sabatier, Pierre Puechagut, George Périer et George Brun de Ribaute ; — Charles Bouvier, David Roux, Antoine Estienne, Guillaume Paravisol, Antoine Bouvier, Sr Antoine Estienne, Jean Prat, Jean Rouvière, David Saurin, Salomon Roger, Claude Beluguet, Pierre Périer, Antoine Périer, Jean Savy, Jean Leuzière, Jean André,

Tout jeune, Cavalier était entré chez un sieur
Lacombe, de Vézénobres, en qualité de valet de

Daniel Bouvier, Jean Roger, Daniel Liron, du lieu des Tavernes ; — **Antoine Cavalier, du Mas-Roux ;** — Jacques Rogier, Jean Silhol et Jean Cadel, du Mas-Brun ; —
Barthélémy Comnet, Louis Rouvière, du Mas-Icar ; — Jacques
Durand et Jacques Berbiguier, du Mas-Queyrol ; — Antoine
Ducros et Jean Matte, du Mas de Campgaillan, le tout dans
la paroisse et juridiction de Ribaute.

Laquelle assemblée recognoissant les grandes obligations
qu'ils ont à sa Majesté de les avoir tirés de l'égarement où ils
étoient pour les mettre dans la bonne voie et les réunir à la
religion catholique apostolique romaine, cognoissant assez le
zelle et la prudence avec laquelle ceux qui commandent pour
le roi dans cette province ont secondé ses saintes intentions,
et voulant de leur costé contribuer de leurs soins et de leurs
vigilences à faire finir ces assemblées tumultueuses, et faire
que chaque paroissien professe la sainte religion qu'il a
embrassée, et satisfasse à son debvoir,

Ont tous, d'une commune et unanime voix délibéré ce qui
s'en suit.

Premièrement qu'ils regarderont tous ceux qui manqueront
à leur debvoir, soit messe, prédication, catéchisme, instruc-
tions ou autres exercices catholiques, comme des ennemis
jurés de la religion et de l'estat.

Secondement, qu'ils apporteront tous leurs soins possibles
pour découvrir ceux-là, et les remettront entre les mains de
la justice pour estre procédé incessamment contre eux. Et
pour mieux les découvrir, il sera choisi un nombre suffisant
de personnes pour estre inspecteurs sur tous les autres, et

berger. Bientôt après on le trouve apprenti boulanger à Anduze (1701) (1).

Dénoncé comme religionnaire et sous le coup d'un procès criminel que lui intente le curé de

---

les déferrer quand ils manqueront à quelqu'un des exercices de la religion catholique.

En troisième lieu, ayant vu le malheur arrivé à cause des Assemblées faites par ces violateurs des ordonnances divines et humaines, contre ce qu'ils avoient solennellement juré dans leur profession de foi, il sera mis des espions à toutes les avenues, outre la garde ordinaire qui se fait suivant la desliberation du mois d'Octobre dernier, pour gueter ceux qui pourroient aller à de pareilles assemblées, et s'en saisir, ensemble des estrangers qui pourroient venir dans le présent lieu pour les fomenter.

Et finalement, que à l'advenir les principaux habitans demeureront garants et responsables, en leur propre, de la conduite de tous les autres autant qu'il sera en leur pouvoir. Comme aussi chaque chef de famille respondra de tout ce qui se passera dans sa maison afin de faire voir la sincérité de leurs promesses.

Laquelle susdite desliberation ils ont promis tenir et observer et l'exécuter ponctuellement, solidairement l'un pour l'autre, soubs leurs obligations, jurements et renonciations requises et nécessaire. Ayant requis ledit lieutenant Coulon autoriser icelle. Les sachant escrire ont signé : Cabane, con-

(1) Jean Cavalier était apprenti chez Duplan, boulanger, rue Gaussorgues. Le plan cadastral d'Anduze de 1810 porte la maison Duplan à la section A, n° 630.

Ribaute, Antoine Arvieu, et dont il entrevoit, sans illusion, le résultat, il parvient à se réfugier en Suisse où il reprend son état.

---

sul, Sabatier. Estienne. A. Perier. Lyron. J. Labric. Aigoin. Jacques Barlaguet. Brion. Garnier. Saurin. Lyron. Grast. Regis. Silhol jeune. Cauviat. Aigoin. J. Teissier. A. Sabatier. A. Teissier.

Monsieur le lieutenant a octroyé acte de la susdite deliberation, authorizé icelle, ordonné qu'elle sera exécutée selon sa forme et teneur, interposant en tout son décret et autorité judiciaire.

Ainsi a esté déliberé et par nous autorisé.

PLANTIER, lieutenant.

CLAUZEL, greffier.

Plusieurs autres communautés, en vertu d'une mesure générale imposée par la force, prirent des délibérations d'abjuration conçues en termes identiques.

Nous citerons, après celle de Ribaute, celle de Nimes qui se trouve dans les archives du Consistoire et contenant 326 signatures (Borrel, *Histoire de l'Eglise Réformée de Nimes*, page 235).

Celle d'Anduze, en date du 9 novembre 1686, adressée au comte de Rozen, maréchal de camp des armées du roi, avec 44 signatures.

Celle du Conseil général de Saint-Jean-du-Gard, en date du 17 novembre 1686, avec les signatures autographes suivantes :

L'an mil six cent quatre-vingt-six et le dimanche dix-sep-

---

(1) Pierre Audoyer, ancien pasteur de Chalençon, avait apostasié avant la Révocation, en récompense de quoi il avait été nommé premier consul de Saint-Jean, son pays natal, pour l'année 1685.

Bientôt, avide de revoir sa famille, son lieu de naissance, et obéissant au désir de seconder les efforts de ses coréligionnaires dont il a appris les courageuses entreprises, il rentre en France.

---

tième jour du mois de novembre, au lieu de Siant-Jean-de-Gardonnenque, dans la maison de ville, par devant M. Jean-Poujade, docteur ès droitz, lieutenant en la justice dudit lieu,

Ont été extraordinairement assemblés en conseil général, à l'issue de vêpres, s^r Jean Laporte consul, assisté de s^r Pierre Audoyer (1), Léonard Boudon, Jean Durand La Jonquière, Jacques Marion, David Poussielgue, s^r Antoine Coste, Etienne Boudon, s^r Paul Viala, Jean Soubeiran, Isaac Boudon, Guillaume Parlier, s^r Nicolas Salvaire, Jean Barnier armurier, Louis Cabrit marchand, s^r David Lafond marchand, Pierre Lafont facturier, Jean Pérédès, Jean Sauvaire, Jean Gervais facturier, Jacques Mathes, Josué Cardonnet, Jacques Boudon marchand, Pierre Campesval, Jacques Clerguemort praticien, Charles Rebotier, s^r de Longuezières (1), s^r Jean Fontanes marchand, Louis Pastre, Jacques Dumas facturier, Pierre Rossel, François Dumas, Jacques Donnadieu, s^r Audibert Calvin, s^r Etienne Deleuzière Mondonnet, Pierre De Lafont, s^r de Laval, s^r Pierre Sailhens, Olivier Teissier apothicaire, Noble Jean de la Case, s^r de Caladon, Noble St Maurice des Vignoles de la Valette, Etienne Serrière avocat, Jacques Bancilhon, Pierre Gibert, Théodore Clerguemort apothicaire, Jacques Guibal et autres habitants du lieu et paroisse.

(1) Réfugié plus tard à Berlin, où l'un de ses fils le suivit, il y mourut en 1732, à l'âge de quatre-vingt-huit ans (Généalogie de la famille Rebotier de la Taule).

Laporte venait d'être tué à Témélac près de Molezon. Sa tête et celle de douze de ses soldats est exposée sur le pont d'Anduze par ordre du comte de Broglie.

La vue de ce trophée sanglant allume le courage de Cavalier, « du nouveau Gédéon », comme l'appelaient ses soldats.

Prenant l'offensive, il dirige une expédition heureuse sur Durfort, se joint avec Roland, forme une petite armée marchant tambour en tête, et, rencontrant les ennemis que commandait Vidal, lutte bravement contre eux et les taille en pièce.

La victoire, qui vient de se déclarer pour les mécontents, les accompagne dans d'autres expéditions.

Cavalier, après ces succès, est définitivement reconnu comme le chef suprême, avec *le droit de mort, sans même assembler le Conseil de guerre.*

— « Il n'en usa pas, dit-il dans ses *Mémoires*, et ne fit rien sans six de ses principaux officiers ».

Il se remet en marche, s'empare du château de Servas dont il passe la garnison au fil de l'épée, vient battre, dans la prairie d'Alais, le chevalier de Guines, commandant d'Alais, à la tête de ses nobles à cheval, et poursuit les fuyards avec ardeur jusqu'aux portes de la ville (20 décembre 1702).

CHAPITRE IV.

Prise de Sauve par les Camisards (27 décembre 1702).

Cette nouvelle victoire fut utile à Cavalier et lui procura des armes, des munitions, des habits ; elle accrut son orgueil et remplit son cœur d'audace.

Il forme alors le projet, de concert avec Roland, de s'emparer de Sauve, ville fortifiée et qui tenait garnison.

Ce hardi coup de main ferait songer à une scène de théâtre, si l'esprit n'était ramené à des émotions douloureuses au souvenir de cette horrible guerre.

Cavalier et Roland, en vue d'attirer l'attention de l'ennemi, font brûler, par un détachement de leurs soldats, l'église de Monoblet.

Ils revêtent ensuite cinquante camisards des uniformes royaux dont ils ont dépouillé les soldats vaincus du gouverneur d'Alais, ils leur donnent pour chef l'intrépide Catinat et un autre courageux officier, et leur ordonnent de se présenter au nom du roi aux portes de Sauve.

Le gros de la troupe, forte de 230 hommes, les suit de près.

La petite ville de Sauve comptait en ce temps 2,000 âmes de population. Ceinte de remparts, flanquée de tours, elle constituait une seigneurie régie par deux co-seigneurs, MM. de Valgrand et de Vibrac, ex-protestants l'un et l'autre, nouvellement convertis au catholicisme.

A onze heures du matin le détachement se présente, tambour battant, devant Sauve. « On crut que l'officier était quelque lieutenant-colonel qui venait loger dans la ville avec sa troupe, par ordre de M. le comte de Broglie » (1).

Reçu avec toutes les marques de respect, Catinat, revêtu d'un costume de colonel, pénètre dans la ville, range ses hommes en bataille sur la place et va trouver avec l'autre officier M. de Vibrac.

C'était l'heure du dîner; on leur offre une place, ils acceptent, après avoir fait distribuer des vivres et des rafraîchissements à leurs soldats.

---

(1) La Baume, *Histoire de la révolte des fanatiques*, 1707.

La jeune et spirituelle Mme de Sauve leur fait les honneurs de la table seigneuriale.

L'état de la contrée sert de texte à la conversation et inspire à nos officiers travestis des appréciations sévères sur les agissements des religionnaires. Catinat notamment, pénétré de son nouveau rôle, tout en faisant honneur aux mets offerts par son hôte, ne ménage l'éloge ni à Bâville ni à de Broglie « et s'aventure même jusqu'à jeter quelques fleurs de galanterie à la belle Mme de Vibrac » (1).

Étonnée cependant de certaines manières étranges, elle en conçoit bientôt des soupçons.

Le repas touchait à sa fin ; tout à coup on vient annoncer que les rebelles sont aux portes de la ville.

La jeune femme, pleine de circonspection quoique vivement alarmée, traite toujours ses nouveaux commensaux en officiers du roi ; mais avide de s'en débarrasser, elle les invite à aller repousser les assaillants. Ceux-ci ne voient aucun obstacle à rejoindre leurs troupes. Elle les suit jusqu'au bas de l'escalier du château avec son beau-père et son mari.

Dès qu'ils sont dehors, elle fait rentrer tous les siens et ferme elle-même, rapidement, la porte de fer.

---

(1) N. Peyrat, *Les pasteurs du désert*.

La garnison et les habitants avaient couru aux armes, mais trop tard : les Camisards se démasquent et parlent en maître ; la consternation règne dans la ville qui se soumet.

Les mécontents entrés en foule, Roland à leur tête, brûlent l'église et désarment les catholiques.

Le fils d'un des co-seigneurs de Sauve, le major d'infanterie de Valgrand, un capitaine, sont faits prisonniers. Tous craignent de subir le sort de la garnison du château de Servas, sans pitié passée tout entière au fil de l'épée.

Les soldats de Cavalier et de Roland se bornèrent à s'approvisionner de tout ce qu'ils jugèrent utile, et après avoir désarmé la garnison et les habitants, ils sortirent de Sauve emmenant un certain nombre de prisonniers qu'ils relaxèrent bientôt ; quatre d'entre eux toutefois tombèrent sous leurs coups ; ce furent quatre ecclésiastiques :

Boiseau, ancien prieur de Bragassargues.

Combes, ancien vicaire de Quissac.

Massau, secrétaire de Sauve (1),

---

(1) L'auteur anonyme, dans son *Histoire des Camisards* (tome I, page 278), prétend qu'il n'y eut pas, à Sauve, une seule goutte de sang répandue. Tous les historiens, même les plus sympathiques aux révoltés, affirment ces exécutions. Ant. Court est de ce nombre.

Et le capucin de Mazan, ex-protestant, gentilhomme de Provence.

Le séjour des audacieux rebelles avait été de quatre heures dans Sauve.

Le gouverneur de Saint-Hippolyte, M. de Lahaie, dès qu'il en fut avisé, rassemble ses troupes. Il joint au régiment de Menon qui occupait cette ville deux cents hommes de la milice bourgeoise et la garnison de Durfort. Béchard, lieutenant-colonel, Tourtoulon, Valette, Laurens, d'Arvieux, Cabanis, La Souche, les deux seigneurs de Sauve, se joignent à eux, se lancent à la poursuite de l'ennemi et l'attaquent aux environs du château de Sabatier! mais celui-ci n'accepte pas le combat; chargés de butin, les Camisards se jettent dans le bois de Cannes mettant à l'abri leurs captures.

Cette équipée audacieuse avait été couronnée d'un complet succès et n'avait coûté aucun homme à Cavalier et à Roland.

Les audacieux rebelles « s'égayèrent longtemps de la mystification de ces dignes habitants de Sauve, dont la bonhomie et la crédulité sont depuis lors, sans doute, passées un peu en proverbe » (1).

______

(1) Louvreleuil : *Le fanatisme renouvelé.*

CHAPITRE V.

Origine du mot Camisard.

La prise de Sauve répandit la consternation parmi les catholiques.

Fléchier, l'évêque de Nimes, écrivait :

— « Jamais temps ne fut plus malheureux que celui-ci ; les dangers deviennent tous les jours plus grands ; il sort des ennemis de tous côtés, et il n'y a pas assez de troupes ni assez d'argent pour les réprimer. »

Le théâtre de la lutte avait une étendue de quarante lieues. Le Gévaudan, les Hautes et Basses Cévennes, le Vivarais, la partie du Languedoc qui formait les diocèses d'Uzès, de Nimes ou de

Montpellier, présentaient un pays vraiment favorable à une guerre de partisans, coupé de bois, de montagnes escarpées, de torrents, de précipices, de grottes impénétrables. Les mécontents y trouvaient des moyens d'attaque ou des ressources innombrables en cas de défaite.

« C'était dans ces lieux sauvages et inhabités que les protestants se rassemblaient pour chanter des psaumes et entendre les sermons de leurs ministres ou de leurs prophètes. Exaltés par les prédications qu'ils croyaient être des avertissements du ciel et par les paroles des inspirés qui se levaient tous les jours au milieu d'eux, ils couraient de la prière au combat, ne doutant plus de la victoire lorsque *l'esprit* la leur avait promise (1). »

L'intendant Bâville, pour faciliter ses opérations, avait pratiqué des routes royales dans les Cévennes et fait bâtir, sur l'ordre du roi, en 1686, trois forts : à Nimes, à Alais et à Saint-Hippolyte, principales entrées des Cévennes. Des postes étaient établis, en outre, dans plusieurs châteaux.

Le nom de Camisards leur fut alors généralement donné.

---

(1) Vidal, *Résumé de l'Histoire du Languedoc*, p. 438.

Quelle est l'origine de cette appellation ?

Elle ne commence à être usitée dans les manuscrits qu'à partir de 1702, sans que les écrivains ou les journalistes de cette époque puissent s'en rendre un compte exact.

Joseph de La Baume, conseiller au présidial, auteur d'une *Relation historique de la révolte des fanatiques* (1), dit que le nom de Camisards leur fut donné : « parce que c'était un ramas de paysans qui portaient pour la plupart des habits de toile ».

Un historien a prétendu que l'on désigna ainsi indistinctement, aussi bien les religionnaires que les cadets de la croix, leurs adversaires, lorsque ces derniers se mirent à piller amis et ennemis jusqu'à la chemise ; ceux-ci étaient appelés Camisards blancs par opposition aux autres, désignés sous le nom de Camisards noirs.

Jean Cavalier dit, dans ses Mémoires, que le nom de Camisards fut appliqué aux mécontents, parce qu'ils changeaient leurs chemises sales contre des chemises blanches quand ils en trouvaient l'occasion, d'où l'épithète : voleurs de chemises, de

---

(1) *Relation historique de la révolte des Fanatiques ou des Camisards,* manuscrit copié de la main de Séguier, déposé à la bibliothèque de la ville de Nîmes, d'après l'original conservé chez les héritiers de l'auteur.

3

camiso, mot languedocien. On a prétendu d'autre part que leurs exploits des grands chemins ou *camis* en étaient l'origine.

Les érudits sont allés demander aux langues orientales le sens de cette appellation. Moreri, dans son *Dictionnaire*, prétend que *camis* est le nom d'une idole du Japon, et que Camisard veut dire *ardre les camis* ou brûler les idoles.

N'est-il pas plus simple d'admettre que les expéditions de nuit, vulgairement appelées *camisades*, et que pratiquèrent les révoltés à l'origine de leurs expéditions, en donnent une explication suffisante ?

Quoi qu'il en soit, les défenseurs de la liberté de conscience, répudiant le nom de fanatiques que leur donnaient la plupart des écrivains de l'époque, adoptèrent celui de Camisards, et, comme *les gueux* de Hollande, n'hésitèrent pas à s'en parer et le couvrirent de gloire (1).

---

(1)..... Ceux qui reviennent de ces pays là, disent que les Camisards sont tous gens bien aguerris, qui se battent en désespérés voulant vaincre ou mourir ; que leur discipline est la plus belle du monde et la mieux observée et qu'ils ont à leur tête un jeune adolescent qui a les talents d'Ulysse et d'Achille et la prudence des généraux les plus expérimentés..

(*Mémoires de Mme du Noyer*, t. II, page 71.)

Au commencement de l'année 1703 (12 janvier), Cavalier pousse l'audace jusqu'à venir jusqu'aux environs de Nimes défier un maréchal de Louis XIV.

Le comte de Broglie sort de la ville, l'attend à la tête de deux compagnies de dragons, est complètement battu et voit tomber Poul, un de ses plus braves lieutenants, frappé à la tête par une pierre lancée par un enfant, que les insurgés comparèrent tout naturellement à David tuant le géant Goliath.

Et telle est la témérité de Cavalier, qu'il ne craint pas de pénétrer en personne, sous un déguisement, dans Nimes plein d'alarme, sans crainte du gibet ou de la roue, pour s'y pourvoir avec abondance de munitions de guerre.

En ce moment Joanny s'emparait de la petite ville de Génolhac, et on peut se faire une idée de l'acharnement de la lutte, quand on songe que c'était pour la troisième fois que cette ville tombait entre les mains des rebelles, et que chaque fois les vainqueurs étaient sans ménagement pour les vaincus.

La Cour, étonnée de la persistance de la lutte, s'en prit au comte de Broglie ; il est rappelé, et le maréchal de Montrevel, accompagné d'une nouvelle armée, arrive en Languedoc.

Le maréchal, mécontent du peu de résultat obtenu jusqu'à ce jour par les troupes royales et jugeant les exécutions insuffisantes, eut recours, en vue d'éteindre l'insurrection, aux plus horribles procédés ; l'incendie des villages et l'enlèvement de toute la population devinrent fréquents.

Les gentilshommes notamment suspects de connivence avec les insurgés, furent traqués sans merci.

Viala, seigneur de Barre, de la Saigne du Pompidou, se voient chassés de leur patrie ; d'autres, tels que le baron de Saïgas, sont condamnés aux galères.

CHAPITRE VI.

Le baron de Salgas.

L'épisode lamentable de ce dernier mérite d'être rapporté.

Le château de Salgas est situé aux portes de Vébron (Lozère). Il est bâti sur les bords d'une petite rivière, au milieu d'une vallée riante que dominent de grands bois et au sein d'un des sites les plus pittoresques des hautes Cévennes.

Cet édifice, qui de nos jours offre l'aspect d'une riche construction toute moderne, était à cette époque un vieux manoir, flanqué de hautes tours.

C'est là que vivait le baron de Salgas, gentilhomme issu de la maison de Narbonne-Pelet, mais ayant adopté le nom du fief maternel. Il avait quitté le service militaire où trois de ses frères avaient servi et où deux étaient morts, pour se fixer en Gévaudan avec sa deuxième femme, issue de la maison Montarnaud et alliée aux Castries, femme zélée pour la cause protestante mais toujours pleine d'alarmes.

Ils vivaient au château, eux et leurs six enfants, d'une manière patriarcale, aimés de leurs vassaux et refusant d'imiter la plupart de leurs parents qui abjuraient ou quittaient la France, à la suite de la révocation de l'Édit de Nantes.

De Salgas était alors âgé de 55 ans ; de haute taille, son noble visage reflétait la sérénité de son âme. Il était doué d'un esprit distingué, mais naturellement timide.

Protestant de naissance et de sentiment, il se refusait néanmoins, par mesure de prudence, à toute manifestation extérieure favorable aux religionnaires qui eût pu le compromettre auprès de Bâville.

L'ardeur religieuse de Castanet fut, pour une bonne part, cause de sa perte.

Ce chef de bande, vassal de Salgas et qui tenait la campagne dans cette partie du Gévaudan, conçut le projet d'engager le baron dans le parti de l'insurrection.

Le 11 février 1703, il conduit sa troupe au château du gentilhomme protestant; il le force à le suivre, l'emmène à Vébron où se tenait ce jour là une assemblée religieuse.

L'office terminé, Salgas se laissa aller une fois libre à rester deux heures en compagnie de Castanet et de sa troupe; cette circonstance devait lui être fatale.

Rentré dans son château, mais inquiet d'un acte qui peut le compromettre auprès du terrible intendant de Languedoc, il se hâte de lui dépêcher un émissaire pour témoigner de la contrainte dont il a été l'objet.

Peu de temps après, Salgas assistant à l'assemblée de la noblesse, convoquée à Nimes par Montrevel, s'en expliqua avec lui. Le maréchal lui dit toutefois :

— « Les Camisards, Monsieur le baron, doivent être bien de vos amis, puisqu'ils vous ont amené à leur petite synagogue et renvoyé chez vous sans vous faire aucun mal.

— Ce fut un bonheur pour moi, répondit-il, mais vous ne devez pas, Monseigneur, juger plus mal de mon zèle pour le service du roi, dont mes prédécesseurs ont donné tant de preuves. Deux de mes frères sont morts à son service ; j'ai eu l'honneur moi-même de servir Sa Majesté, et je m'honore de l'affection que n'ont jamais cessé de me témoigner M. le maréchal de Noailles, M. de Broglie et M. de Bâville lui-même. »

Le maréchal parut se rendre à ces protestations de dévouement, refusa néanmoins les offres de services que lui offrait le baron et l'invita à retourner dans ses terres, lui prescrivant de s'y tenir prêt à toute réquisition du roi et d'user de son influence pour détacher du parti des rebelles autant de gens qu'il pourrait.

Montrevel ordonna en sus à la paroisse de Vébron de fournir à leur seigneur une garde de dix hommes pour le mettre à l'abri de toute violence.

Salgas remplit fidèlement sa mission. Il réussit à décider plusieurs Camisards à déposer les armes et s'empressa de l'annoncer au maréchal de Montrevel ; celui-ci lui en témoigna sa satisfaction, mais il lui ordonna en même temps de se transporter à Nîmes où il désirait conférer avec lui sur ce sujet.

Un fâcheux évènement servit de raison au baron de Salgas pour se dérober à cette invitation qu'il redoutait d'accepter.

Un gentilhomme du Gévaudan, M. de Cabiron,

fils d'un père nouveau converti mais fort zélé pour la religion catholique, avait été arrêté, sur le chemin d'Anduze à Saint-Jean-de-Gardonnenque, par la troupe de Roland et mis à mort.

C'était cette même route que Salgas devait prendre s'il obtempérait au désir du maréchal.

Il s'en ouvrit par lettre à Montrevel, le priant de le dispenser d'un voyage qui pouvait lui être funeste dans l'état de suspicion où il se trouvait vis-à-vis des révoltés, lui proposant de consulter, sur le plan de conduite à suivre, son lieutenant le plus proche, M. de Julien, maréchal de camp en résidence à Saint-Jean.

Il se rendit en effet dans cette ville, et sur le refus de Julien de lui donner une escorte pour l'accompagner jusqu'à Nimes, il le chargea de communiquer ses observations au maréchal.

M. de Julien promit de les lui transmettre. Peut-être ne le fit-il pas? car Montrevel manifesta son irritation contre Salgas, de ce qu'il refusait de se rendre à son appel, et conçut dès lors le projet de le faire arrêter.

En effet, un mois après l'invitation de venir à Nimes, ne voyant pas paraître le seigneur de Vébron, il ordonna au major général de Préfosse de partir pour le Gévaudan, de s'emparer de lui et de le conduire au fort de Saint-Hippolyte.

Cet ordre fut exécuté.

Bâville et Montrevel se hatèrent de venir dans cette ville pour l'interroger et instruire son affaire.

Transporté au fort d'Alais, son long procès révéla la grandeur de son âme, l'acharnement de ses ennemis, la plupart corrompus à prix d'or, et l'iniquité de ses juges.

Il fut accusé d'avoir fomenté l'insurrection cévenole, d'avoir trempé dans le meurtre de l'abbé du Chayla, le féroce archiprêtre des Cévennes, et d'avoir donné asile à Roland dans son château.

Mis à la torture, il en subit les tourments avec courage.

Le 27 juin 1703, il fut condamné aux galères perpétuelles, à la dégradation de la noblesse lui et sa famille, à voir ses biens confisqués, son château rasé ; un tiers de sa fortune fut réservé néanmoins pour ses enfants.

Cette sentence inique reçut son exécution, et les six enfants du baron, s'acheminant vers l'exil, allèrent à Genève retrouver leur mère déjà passée à l'étranger, après avoir fait de vains efforts pour décider son mari à l'y suivre.

Le baron de Salgas, escorté de 100 soldats, de peur d'un enlèvement par ses coreligionnaires, par Sommières et Montpellier fut dirigé sur Cette,

où il revêtit le costume de forçat et fut enchaîné
sur la galère du chevalier de Roannès (1).

Un jour, les évêques de Montpellier et de Lo-
dève, se trouvant à Cette, eurent le triste courage
de se repaître des souffrances de l'illustre victime.

Montés à bord de la galère, ils se le firent
montrer, et par un sentiment de barbarie flétrissant
pour leur mémoire, se passèrent la fantaisie de
prier le capitaine de commander la manœuvre,
désireux de voir le malheureux seigneur de Salgas
maniant la rame.

La victime de Bâville et de Montrevel vécut

---

(1) « M. le maréchal estant à Cette entra dans les galères
et visita les forçats. Il ne daigna pas jeter les yeux sur M. de
Salgas, qui est accouplé avec un Turc ; on l'avait déjà fait
passer maître et on l'avait mené en pleine mer pour le faire
ramer de la belle manière ; lorsqu'il voulut dire à M. de
Roannès qu'il estait gentilhomme, il lui répondit que c'estait
tan pis pour luy et qu'il luy avait été bien recommandé ; qu'il
ne devait pas douter qu'il ne ressentît l'effet des bonnes re-
commandations ; on dit mesme qu'il a déjà eu la bastonnade ;
il est pourtant vrai qu'il luy pardonna la première rodomon-
tade qu'il fit : c'est que voyant qu'on lui servait des fèves dans
une écuelle de bois, il la fit voler bien haut. M. le capitaine
voulut qu'on ignorast cette première action ; il se contenta
de luy faire verte reprimande, mais depuis il ne lui passe
pas à si bon marché. »
(Lettre de Mme de Merez, 3 août 1703).

quatorze ans en compagnie des forçats, supportant avec une résignation sublime son injuste destin.

Des démarches pressantes faites à différentes reprises par des personnages influents, en vue de sa libération, avaient été constamment entravées par le mauvais vouloir de Bâville.

Enfin le Régent lui accorda, en 1716, sa grâce, sur la sollicitation de la duchesse douairière d'Or-léans (1).

Rendu à la liberté, M. de Salgas, accablé par l'âge et la souffrance, se rendit à Genève où il eut le bonheur de retrouver sa femme ; il y mourut le

---

(1) *Lettre de Madame, princesse Palatine, sur M. de Salgas à la princesse de Gallos :*

« Je vous dirai ce qui est arrivé à M. de Salgas. Il y a plusieurs mois que je sollicitay mon fils pour la liberté de cet honnête homme et qu'il m'avait accordée. Mais par l'intervention de M. de Basville, l'ennemy mortel des Réformés, qui s'opposait à son entière liberté, mon fils fit ordonner qu'on rendit le marquis à ses fils. *Quand on leur fit dire de reprendre leur père, il se trouva qu'ils étaient aux R. P. de l'Oratoire et ils ne se présentèrent jamais pour le demander ;* et le pauvre homme resta dans cette triste situation. Quand j'ai appris la triste histoire, j'ai recommencé à redemander la liberté qu'on lui permit de se retirer où il voudrait, ce que mon fils a fait ordonner, si bien qu'à présent je le tiens en pleine liberté ».

(*Collection Court*, nº 13, vol. 2, bibliothèque de Genève).

14 août 1717, non sans y avoir subi une cruelle épreuve ; ses fils, catéchisés par les R. P. de l'Oratoire, refusèrent de revoir leur père, et infligèrent cette nouvelle douleur au forçat huguenot.

Quelles furent les véritables causes de la condamnation du baron de Salgas ?

L'histoire n'a pu faire encore la lumière sur cet épisode dramatique de l'administration de Bâville et du maréchal de Montrevel.

Le terrible intendant paraît néanmoins avoir été l'instigateur le plus actif du procès.

Les uns ont dit qu'il perdit Salgas parce que, par ses alliances de famille, le seigneur de Vébron était rapproché de gens qui lui étaient hostiles et pouvaient menacer son crédit à la cour. D'autres ont pensé qu'en frappant un des personnages les plus en évidence des Cévennes, Bâville voulut terrifier cette noblesse protestante toujours chancelante, et l'amener ainsi plus sûrement à l'abjuration, dont le plus grand nombre de ceux qui la composaient donnèrent, du reste, le lamentable exemple.

Le maréchal de camp Julien lui-même, dans l'entrevue qu'il eut avec Salgas à Saint-Jean-de-Gardonnenque, ne le trompa-t-il pas indignement en le rassurant sur les dispositions d'esprit de

Montrevel à son égard, alors qu'il savait le maréchal irrité et prévenu contre lui ?

Qui sait, du reste, s'il ne jugeait pas lui-même utile à son crédit, en immolant cette noble victime, de faire parade à la cour de son zèle pour l'exécution des sévérités de son roi !

Quoi qu'il en soit, la condamnation du baron de Salgas restera comme un monument de perfidie, élevé par les trois agents impitoyables de Louis XIV, et comme une tache flétrissante pour la mémoire de ce monarque.

CHAPITRE VII.

Combat de la tour de Billot (29 avril 1703).

Cependant, le maréchal de Montrevel, désireux de faire oublier les insuccès du comte de Broglie, résolut de se mesurer avec Jean Cavalier.

Il expédie d'abord contre lui M. de Julien, son maréchal de camp, qui lui offre le combat à Vagnas, dans le Vivarais; celui-ci l'accepte, bien qu'en nombre inférieur.

Cette témérité lui coûte cher; écrasés par des troupes fraîches, après deux jours de lutte, les soldats de Cavalier dépensent en vain des trésors de bravoure et se dispersent (11 janvier 1703).

Le maréchal même, atteignant, bientôt après,

les rebelles que commandaient Ravanel et Catinat,
en l'absence de Cavalier, malade de la petite vérole à Cardet, leur livre une sanglante bataille et
leur tue 200 hommes (6 mars 1703).

Parmi ces défaites successives, celle de la tour
de Billot mérite d'être signalée comme une des
pages les plus malheureuses et les plus héroïques
de cette lutte.

Cavalier, après avoir opéré dans le Gévaudan,
avait résolu de transporter la guerre dans les
basses Cévennes.

Dans sa troupe se trouvait un misérable gentilhomme du nom de Saint-Chapte, qui le trahissait
et livrait le secret de ses opérations à Montrevel.

Ce dernier avait établi son quartier général à
Alais, où sa favorite, Mme de Soustelle, le retenait
sous l'empire de ses charmes. Il se prépara, instruit par Saint-Chapte, à agir vigoureusement contre Cavalier.

Celui-ci avait pris position à la tour de Billot
(29 avril 1703), restes d'un château féodal bâti
dans la plaine, entre Alais et Anduze (1).

---

(1) La tour de Billot était au xve siècle la propriété de la
famille Billot, d'Alais. Elle passe entre les mains de Marc de
Beaufort de Montboissier, comte d'Alais, et d'André de Fir-
mas-Périès qui la cède, en 1604, aux Jacobins de cette ville.

Fatigués par des marches successives, les Camisards, au nombre de 1,200, y étaient arrivés la nuit, et après avoir établi les gardes du camp, s'étaient répandus dans les bergeries et abandonnés au sommeil.

Cavalier avait confié à un meunier appelé Guignon, dont le nom mérite d'être livré à la réprobation de l'histoire, le soin d'y apporter la veille les approvisionnements nécessaires à sa troupe.

Il avait lieu de croire à sa loyauté pour plusieurs raisons ; il était protestant d'abord, et de plus deux de ses fils servaient dans sa troupe.

Ce traître infâme, après en avoir conféré avec Saint-Chapte, se rend à Alais et révèle, moyennant cinquante louis, le lieu où s'abritaient les Camisards.

Montrevel donne l'ordre aux brigadiers Planque et Tarnaud de partir immédiatement.

Il était dix heures du soir.

Ceux-ci emmènent avec eux trois mille hommes, et les divisent en trois corps. Un groupe se dirige vers la tour de Billot ; l'autre, en vue de couper la retraite aux fuyards, va occuper, à une lieue de la tour, l'endroit où le Gardon peut se franchir ; le troisième corps contourne la position.

A la faveur d'une nuit sombre, les sentinelles

avancées des rebelles sont égorgées ; l'escorte de garde se replie vers la tour en donnant l'alarme.

Les soldats de Cavalier, surpris au milieu de leur sommeil, se précipitent sur leurs armes et font tête à l'ennemi qui déjà les enveloppe.

La plus horrible mêlée s'engage au milieu des ténèbres ; pendant que Cavalier résiste à la masse qui l'accable, il ordonne à cinq cents des siens de se dérober par la fuite à l'ennemi. Bientôt, pliant sous le nombre toujours croissant des soldats du roi, il n'en essaie pas moins, après avoir assuré la retraite d'une partie de ses compagnons, de revenir au pied même de la tour, pour tenter de sauver tous ceux qu'elle abrite.

Un incident paraît le seconder ; trompées par l'obscurité, deux colonnes royales en viennent aux mains et s'entr'égorgent. Cavalier fond sur elles, ce n'est plus qu'une sanglante mêlée qui dure plusieurs heures.

Les premières lueurs du jour viennent éclairer le champ du carnage sans séparer les combattants.

Cédant enfin devant le nombre, Cavalier est rejeté de l'autre côté du ruisseau qui coule au pied de la tour, et la rage dans le cœur, mais non sans avoir fait des prodiges de valeur, il se voit obligé d'abandonner ses malheureux compagnons qui s'y sont réfugiés ainsi que dans la bergerie qui la touche.

300 Camisards s'y trouvaient encore, abrités derrière ces murs, mais entourés d'ennemis dont ils ne peuvent échapper ; ceints d'un cercle de fer, ces nobles et malheureux combattants se préparent à vendre chèrement leur vie.

L'assaut commence ; repoussés de la première cour, ils se retranchent dans la grange, d'où ils font pleuvoir une grêle de balles sur les assaillants.

Chassés de ce lieu, ils se réfugient enfin dans la tour. A bout de munitions, ils se servent de pierres et démolissent la toiture pour se procurer des projectiles.

Les chefs ennemis, désespérant de s'en rendre maîtres, et en vue d'épargner la vie de leurs soldats, dédaignent de les réduire et veulent en finir par un atroce procédé. Ils lancent des grenades sur ces bâtiments ; l'incendie se déclare, et les soldats héroïques de Cavalier, bientôt entourés de flammes, meurent tous glorieusement au milieu de l'embrasement général, en chantant un hymne religieux.

A huit heures du matin tout était terminé.

C'est une des pages les plus terribles de cette sanglante lutte.

Quelles furent les pertes de Montrevel dans cette affaire ?

Cavalier, dans ses mémoires, les évalue à

1,200 hommes tués ou blessés; de son côté, 411 Camisards avaient péri.

Des soldats du maréchal ayant cru reconnaître Cavalier parmi les morts, l'un d'eux décapita ce cadavre, et un général du roi porta cette tête à Alais où elle fut présentée à la mère de Cavalier, alors prisonnière dans le fort de cette ville; la pauvre femme subit cette horrible barbarie, et égarée par la douleur, crut aussi à la mort de son fils.

Il restait aux vaincus un acte vengeur à accomplir. Ralliés dans les bois de Saint-Bénézet, ils songèrent à punir le traître qui les avait livrés.

Le meunier Guignon, saisi par eux bientôt après, fut jugé en assemblée martiale à Ribaute et condamné à mort.

Sa lâcheté fut égale à l'énormité de son forfait; il supplia vainement ses juges de lui laisser la vie; ses deux fils eux-mêmes, soldats de Cavalier et comme lui échappés au massacre, détournèrent leurs regards d'un père dénaturé et assistèrent stoïquement à son supplice.

CHAPITRE VIII.

Cavalier bat les troupes royales à Martignargues
(15 mars 1704).

Un fait d'armes éclatant va consoler Cavalier des malheurs de la tour de Billot.

Son camp était établi près Saint-Chaptes. Le maréchal de Montrevel se rendait à Uzès ; dès qu'il en est instruit, il forme le projet de le déloger et envoie contre lui ses meilleures troupes.

Le commandant la Jonquière reçoit l'ordre de prendre 600 hommes de la marine et plusieurs compagnies des dragons de Saint-Sernin, et dans le but de fortifier l'attaque, il y joint bientôt après 100 dragons de Firmacon, sous les ordres de M. de Foix, leur lieutenant.

La Jonquière, plein de confiance en lui-même,

déclara à M. de Foix que ce renfort était inutile et les fit rentrer à Uzès. Il allait bientôt expier cette témérité.

Cavalier quittait Moussac, où la Jonquière courant sur ses traces, entrait peu de temps après. Il y passe la nuit avec ses soldats non sans y laisser des traces sanglantes, et avide d'atteindre Cavalier, il se met à sa poursuite dès le lendemain matin.

Le capitaine cévenol a mesuré d'un coup d'œil l'imprudence de son ennemi. Il bat en retraite, après avoir couché au village de Lascours et suit d'abord le cours du Gardon, puis, remontant à droite, il longe le cours de la Droude, un de ses affluents, et s'arrête au devois de Martignargues, petit village près Vézénobres ; c'est le lieu qu'il a choisi pour recevoir le choc des troupes royales.

Il prend connaissance exacte des lieux et range ses hommes en bataille avec l'habileté d'un général consommé. Une partie de ses troupes est placée sur le bord d'un ravin qui les sépare des soldats du roi ; à sa gauche, il poste Catinat avec 30 cavaliers ; Ravanel, avec 60 hommes qu'il dissimule derrière un pli de terrain, commande l'aile droite.

La Jonquière approchait ; il découvre déjà les sentinelles placées par les rebelles sur la petite montagne de Rastevel, située entre le Gardon et la Droude.

Il prend, lui aussi, ses mesures de combat. Deux compagnies de grenadiers sont placées d'un côté, 100 soldats de l'autre, le reste au milieu, les dragons en tête.

Il était neuf heures du matin. La Jonquière fait battre aux champs et marche sur les rebelles.

Le commandant des troupes royales de marine avait mis courageusement pied à terre avec tous ses officiers : « Courage, dit-il, voici enfin ces malheureux que nous avons tant cherchés ! »

Arrivés à une portée de fusil, il commande le feu. Cavalier ordonne à ses gens de se coucher. Après cette première décharge qui ne leur fait aucun mal, les camisards s'avancent, font sur l'ennemi une décharge meurtrière, se lancent en avant et fondent avec impétuosité sur les troupes catholiques.

Au même instant, les hommes postés à droite et à gauche, prenant les dragons à revers et en flanc, les enveloppent d'un cercle de feu.

La Jonquière est stupéfié d'une pareille attaque ; ses soldats tombent en grand nombre, bientôt la débandade s'y joint ; ceux qui restent sont taillés en pièce. Les dragons de Firmacon, qui cherchent à passer à la nage le Gardon grossi par les pluies, pour se sauver du côté de Boucoiran, se noient.

Il est juste de mentionner l'attitude héroïque

des officiers de marine. Pour ramener les fuyards et remédier à leur déroute, ils essaient de faire front à leurs ennemis ; ils se battent corps à corps sans réussir à ramener leurs soldats. Ecrasés bientôt par le nombre, ils succombent courageusement.

La Jonquière, blessé à la face et démonté, se voit obligé de s'emparer du cheval d'un dragon, et après avoir traversé la rivière, va s'enfermer dans Boucoiran, honteux de sa sanglante défaite.

Vingt-deux officiers royaux périrent dans cette journée.

En voici les noms :

Capitaines.

De Loge.
D'Aiguerille.
Brisac.
Fabrègue.
Des Forêts.
Le Major.
Tessargue, aide-major.
L'Etrée.
(Blessés) : de l'Hopital, de Chaylas.

Lieutenants.

De Sette.
De Mascolin.

De Cré.

Mazin.

Le chevalier de Bouillan.

Lieutenants de Vaisseau.

De Raousset.

Deydier.

De Gaste.

De Saint-Laurent.

Le chevalier de Sabran des Adrets.

Sous-lieutenants.

De Ligondé.

Le chevalier de Fabre.

De Dous.

300 soldats restèrent en outre sur le champ de bataille.

Cavalier perdit de son côté une vingtaine d'hommes. Ce combat heureux accrut son audace et lui valut un grand butin. 400 fusils furent ramassés par les vainqueurs, des justaucorps, des armes diverses jetées par les fuyards, des bijoux, de riches écharpes, sans compter les chevaux qui vinrent augmenter le petit corps de cavaliers du vainqueur.

Le malheureux la Jonquière, retiré à Boucoiran, expédia de tout côté des exprès pour s'informer des lieux où pouvaient se trouver les débris de sa troupe.

M. de Lalande, qui arrivait à Ners avec 600 hommes, une heure après l'affaire, ignorait ce qui s'était passé ; c'est en arrivant à Boucoiran que le commandant vaincu lui apprit sa défaite.

Montrevel en fut bientôt instruit ; il mit vainement en mouvement 1,000 hommes pour courir sus aux Camisards ; mais ils avaient disparu et s'étaient retirés à Vézénobres pour y passer la nuit.

A Alais le maréchal apprit, de la bouche de M. de Lalande, tous les détails de cette affaire dont il fut profondément attristé, et qui devait causer sa disgrâce et motiver son rappel de la province.

Après avoir visité le champ de bataille encore couvert de cadavres et ordonné aux communautés de Ners, de Saint-Césaire et de Lascours d'enterrer les morts, il revint à Alais faire ses préparatifs pour réparer la défaite de ses soldats et où l'attirait aussi Mme de Soustelle.

L'évêque Fléchier et les catholiques de Languedoc furent consternés à la nouvelle de la victoire de Cavalier.

S'il faut en croire les historiens, l'auteur infortuné de ce désastre, l'imprudent la Jonquière, poursuivi par le malheur, devait avoir une fin des plus malheureuses.

Après la cessation de la guerre des Cévennes, il fut fait prisonnier par les Anglais. Poursuivi plus tard par l'infortune, il eut à comparaître devant une cour martiale et se vit condamner, dit Saint-Simon, à la dégradation et à la détention perpétuelle.

CHAPITRE IX.

Bataille de Nages, défaite de Cavalier (16 avril 1704).

Avant son départ pour la Guienne, où il allait
commander par ordre du roi, le maréchal de Montrevel s'informe avec exactitude de la marche et
des forces de Cavalier.

Accrues par sa récente victoire, les troupes
du rebelle s'élevaient en ce moment à 2.000 fan-
tassins escortés par 200 cavaliers. Elles marchaient
précédées par des trompettes, des fifres et huit
tambours. Leur chef avait pour escorte personnelle
douze gardes habillés de rouge et quatre laquais.
Il avait pour objectif la Vaunage, où il méditait une
expédition. Après avoir passé devant le château de

Boucoiran où s'était enfermée la garnison, Cavalier, informé que Montrevel devait partir pour Montpellier, passait la nuit à Caveirac le 16 avril (1704), et le lendemain se dirigeait du côté de Nages.

Instruit d'une manière exacte par le curé de Montpezat de la marche de Cavalier, le maréchal, avec une habileté consommée, se dispose à l'écraser.

Il donne ordre à M. de Grandval, qui commandait à Lunel, d'occuper les côteaux de Boissières et de Nages avec plusieurs compagnies de dragons. M. de Saudricourt, gouverneur de Nîmes, devait de son côté lui expédier 500 hommes, suisses ou autres, pris sur sa garnison, pendant qu'il occuperait les hauteurs de Saint-Cosme et de Clarensac, et usant d'une feinte qui devait tromper son ennemi, il faisait ses adieux de départ, commandait son équipage pour le lendemain au point du jour, annonçant pour le soir même son arrivée à Montpellier.

Les camisards ajoutèrent foi à ce projet de départ, dont les instruisirent leurs émissaires ; arrivés à Caveirac où les habitants les accueillirent à bras ouverts, et où ils passèrent la nuit tranquillement, le lendemain ils vont camper dans un ravin entre Boissières et Langlade.

Montrevel, admirablement instruit, dès l'aube quitte Nîmes, délaisse la route de Montpellier, fait rapidement avancer ses soldats du côté de Caveirac et de Montpezat dont il occupe les hauteurs, et resserre le cercle de fer dont il enveloppe le camp des rebelles.

Les camisards dormaient : tout à coup les coups de feu retentissent ; les soldats de Cavalier, surpris au milieu de leur sommeil, tiennent tête à Grandval qui vient de les surprendre ; bientôt, entraînés par l'ardeur de la bataille, ils chassent avec intrépidité les dragons devant eux et les poursuivent imprudemment jusqu'à Boissières ; c'est là qu'ils viennent se heurter au régiment de Charolais dont la ténacité les arrête. Obligés de se replier, ils rejoignent Cavalier qui se trouve cerné.

Montrevel voit ses dispositions réussir ; il ordonne à son armée de fondre en masse sur les Camisards dont toutes les issues sont fermées.

Cavalier, maître de lui en ce moment critique, a mesuré d'un coup d'œil la grandeur du péril. — « Enfants, s'écrie-t-il, si nous sommes pris, nous sommes roués vifs ; il ne nous reste qu'un moyen de salut : il faut passer sur le ventre de ces gens-là ; serrez-vous et suivez-moi ».

5,000 hommes les entourent : ils fondent sur eux avec impétuosité ; une lutte acharnée s'engage, ils percent ces murailles vivantes en jonchant la terre de leurs morts, se heurtant à des ennemis sans cesse renaissants ; écrasés enfin par lc nombre, Cavalier réussit, après des prodiges de courage, avec un petit nombre de ses soldats, à s'échapper (1).

Le maréchal de Montrevel, n'avait pas quitté le champ de bataille, animant ses soldats de la voix et du geste, se portant aux endroits les plus périlleux et voyant tomber autour de lui ses sol-dats, les officiers même de sa suite. Il perdit ce jour-là plus de 300 soldats ; la perte des Camisards peut être évaluée de 8 à 900 hommes.

Cavalier, avec les débris de sa troupe, s'était retiré dans les bois d'Euzet. En proie au désespoir et harassés de fatigue, ils voient fondre sur eux les miquelets que Montrevel avait mis à leur pour-suite, et subissent de nouvelles pertes.

Un nouveau malheur vient s'ajouter à leur dé-sastre.

Le maréchal de camp de Lalande, ayant appris qu'une grotte située dans le bois d'Euzet servait

---

(1) ..... Enveloppés de tous côtés et dispersés, nous ne pouvions que périr ; une furieuse décharge se fait sur nous. Je me mis dans la tête de franchir un large fossé ; je le fis et bien m'en valut, car les dragons me suivaient de près. C'est ainsi que j'échappai de cette fatale journée, la plus funeste qui nous fût arrivée. [*Mémoires de Montbounoux, brigadier des Camisards, dans la troupe de Cavalier*].

d'ambulance et d'arsenal aux révoltés, s'y trans-
porte en force, pénètre dans la caverne où gémis-
saient les blessés Camisards dont il fit un affreux
carnage, et fouillant plus avant, s'empare de sacs
de blé, provisions, médicaments et ressources
diverses que la prévoyance de Cavalier y avait
amassés.

Il ne restait de la petite armée du capitaine cévenol que les bandes de Roland et de Joiny. Réu-
nies, elles campaient près de Branoux. Du Villars,
lieutenant-colonel, le commandant de Genouilhac
et le capitaine de Borde les atteignirent et en
tuèrent cinq cents, et par un excès de cruauté et
afin de punir les habitants de Branoux de l'accueil
hospitalier qu'ils avaient fait aux révoltés, ils les
livrèrent aux catholiques de Saint-Florent qui
massacrèrent 200 personnes, femmes et enfants,
et incendièrent le village.

La journée décisive du 16 avril 1704 devait
mettre fin à la guerre des Cévennes.
Cavalier s'était battu contre 5,000 hommes dis-
ciplinés et avait perdu les deux tiers des siens.
Montrevel quitta le Languedoc ce même jour.
— « C'est ainsi, dit-il, que je prends congé de
mes amis ».

Tous les, historiens s'accordent à reconnaître que les troupes de Cavalier se battirent héroïquement.

Le maréchal de Villars, dans ses mémoires, ne ménage pas l'éloge à leur capitaine :

— « Ce chef, dit-il, agit dans cette journée d'une manière qui surprit tout le monde. Voir un homme de rien, ajoute-il, sans expérience dans l'art de la guerre, se comporter dans les circonstances les plus épineuses et les plus délicates comme l'aurait pu faire un grand général, qui n'en eût été surpris ? »

La soumission de Cavalier ne devait pas se faire attendre.

L'illustre maréchal Villars était appelé à gouverner la province et annonçait l'intention de proposer aux insurgés une paix honorable. Le baron d'Aigaliers avait traité cette question importante avec le ministre Chamillard, et s'offrit à en négocier avec les révoltés.

Bâville lui-même, l'ennemi implacable de toute conciliation, désireux d'entrer dans les vues nouvelles de Louis XIV, fit faire des ouvertures à Cavalier ; elles ne pouvaient se produire dans des circonstances plus opportunes.

La Lande, dans un entretien qu'il eut avec Cavalier au pont d'Avène, près Alais, jeta les

bases d'une entrevue de Cavalier avec Villars
(11 mai 1704).

Il fut convenu bientôt après, entre d'Aigaliers
et Cavalier, que ce dernier écrirait au maréchal
une lettre dans laquelle il ferait appel à la clémence
du roi :

— « Mais nous ne mettrons bas les armes, ajoutait-il, qu'on ne rétablisse dans le pays l'exercice
de notre religion. »

Le maréchal se hâta de donner son approbation
au projet d'entrevue ; elle devait avoir lieu à Nimes,
dans le jardin des Récollets, et elle fut fixée au 17
du mois de mai (1704).

Le hardi cévenol, néanmoins, avait hésité à l'accepter.

— « Un homme, dit-il dans ses mémoires (1),
plus expérimenté que moi, n'aurait pas voulu, dans
une semblable occasion, se hasarder ainsi lui-même ;
mais ma jeunesse et le peu d'expérience que j'avais
dans les affaires de cette nature ne me permettaient
pas de faire des réflexions nécessaires contre un
danger si imminent ; n'ayant d'ailleurs auprès de
moi personne en qui j'eusse pu me confier, et qui

---

(1) Memoirs of the wars of the Cevennes, under colonel
Cavalier, book. 4, Londres, 1826.

eût plus d'expérience que moi dans des affaires de cette importance, je me déterminai à faire ce qu'on exigeait, en me confiant entièrement à la Providence. »

CHAPITRE X.

Entrevue de Jean Cavalier et du maréchal de Villars à
Nimes (17 mai 1704).

Le couvent et le jardin des Récollets étaient
situés hors de la ville de Nimes, environnés de
hautes murailles et plantés de grands arbres; ils
étaient situés entre les portes Bouquerie et de la
Madeleine, et occupaient l'espace compris, de nos
jours, entre la place Saint-Paul, le boulevard de la
Madeleine et le quai de la Fontaine.

Le maréchal de Villars s'y rendit avec l'intendant
Bâville et le marquis de Sandricourt, gouverneur
de Nimes.

En attendant Cavalier, il se promenait avec eux
dans les jardins :

— « La conférence que vous allez avoir avec

Cavalier, lui dit le gouverneur de Nimes, sera remarquable dans l'histoire, et ceux qui viendront après nous seront surpris d'apprendre qu'un homme tel que Cavalier, et qui ne s'est fait connaître que par des crimes et par sa révolte contre son roi, parvienne à faire la paix avec son souverain, et qu'elle se traite aujourd'hui dans une conférence avec ce misérable et le maréchal de Villars. »

— « Vos réflexions sont justes, répond le maréchal, à ne regarder ceci que par l'extérieur; mais il s'agit des sujets du roi, qui sont fomentés et soutenus par ses ennemis, pour diviser ses forces par les troupes qu'elle est obligée d'avoir dans cette province; ce qui procure un avantage aux ennemis de l'Etat, ou du moins diminue ceux que le roi peut avoir sur eux.

» D'ailleurs, il est toujours digne d'un grand roi d'user envers ses sujets plutôt de clémence que de rigueur; et, pour un général, il est aussi glorieux de pacifier les guerres civiles que de vaincre les ennemis de l'Etat. »

Cavalier fut exact au rendez-vous.

Une foule immense était accourue à Nimes, avide de connaître au plus tôt les résultats de ces démarches et de contempler les traits de l'audacieux partisan.

Cavalier fit son entrée dans la ville, à 9 heures

du matin, par la porte Saint-Antoine , à cheval,
accompagné du baron d'Aigaliers et du marquis de
Lalande, qui s'étaient employés à faciliter l'arrangement. Il était escorté de douze cavaliers, ayant
à sa droite Catinat, et Daniel Billard , de Nimes,
son grand prophète , à sa gauche, qui le quittèrent
à l'entrée du couvent.

Cavalier était de petite taille , la tête un peu
grosse , enfoncée dans ses épaules et entourée
par une longue chevelure . les yeux bleus, grands
et vifs , le visage large et rougeâtre ; il était vêtu
d'un justaucorps galonné , une plume blanche flot-
tait sur son chapeau.

Il traversa les galeries du couvent au milieu
des gardes du général rangés en ligne d'un côté;
de l'autre , il avait fait ranger les siens.

Le célèbre homme de guerre accueillit avec bienveillance le héros cévenol. Il considérait avec
attention ce jeune homme, et l'implacable et iras-
cible Bâville, le regardant avec des yeux étonnés,
lui dit : « qu'il fallait que le roi fût bien bon de
vouloir traiter avec un rebelle ».

— « Si c'est ce qu'on a voulu me dire , répond
Cavalier , il ne valait pas la peine de me faire venir,
et je suis prêt à me retirer. D'ailleurs , si nous
avons pris les armes , c'est la tyrannie et les cruautés du roi qui en sont la cause. »

Le maréchal intervint et dit à Cavalier « que c'était avec lui qu'il avait affaire ; que le roi, plein de clémence, voulait épargner ses sujets et user de clémence envers eux ».

— « En quoi consistent vos demandes ? ajouta-t-il. »

— « Je les ai données par écrit et je les ai expliquées de vive voix », répondit Cavalier.

— « Je vois bien, dit le maréchal, que vous insistez sur *la liberté de conscience*. Le roi vous l'accordera, mais pour bâtir des temples, c'est ce qu'il ne fera jamais ; et vous devez être contents de la grâce qu'il vous fait, après avoir pris les armes contre lui. Si vous la refusez, il trouvera bien le moyen de vous réduire et de vous remettre dans votre devoir.

« Du reste, ajouta le maréchal, mettez par écrit vos demandes, car je n'ai point vu celles que vous avez données au baron d'Aigaliers, et ensuite remettez-les-moi. »

— « C'est ce à quoi je vais travailler », dit Cavalier.

Une seconde conférence eut lieu à ce sujet, toujours aux Récollets, entre Villars et Cavalier.

Il fut convenu ensuite, qu'en attendant la ratification des conditions que le maréchal lui fit espérer du roi, il se rendrait à Calvisson avec sa troupe.

Le 22 du mois de mai, le chevalier de Saint-Pierre arriva de Versailles porteur de l'ordre du roi de terminer l'accommodement. Louis XIV accordait le pardon à Cavalier et à tous ses sol-dats, et le maréchal lui remettait un brevet de colonel, avec pouvoir de nommer aux emplois dans son régiment qui allait servir en Espagne (1) ; il

---

(1) Voici l'organisation de son régiment par Jean Cavalier :

Compagnies.

1re — Jean Cavalier, de Ribaute, colonel ; Noguier, lieute-nant ; 2 sergents, 45 soldats.

2e — Duplan, d'Euzet, capitaine ; Larose, lieutenant ; 2 sergents, 45 grenadiers.

3e — Lieutenant-colonel, Ravanel, de Malaygue ; Pradelle, de Lascours, lieutenant ; 2 sergents, 46 soldats.

4e — Guillemet, de Saint-Geniès, capitaine ; Noudac, de Blauzac, lieutenant ; 2 sergents, 45 soldats.

5e — Jonquet, de Valence, capitaine ; Jonquet, son frère, lieutenant ; 2 sergents, 45 soldats.

6e — Roux, de Blauzac, capitaine ; Sabatier, de Blauzac, lieutenant ; 2 sergents, 41 soldats.

7e — Milliasse, de Blauzac, capitaine ; Hugues, de Blauzac, lieutenant : 2 sergents, 40 soldats.

8e — Christol, capitaine ; Laval, lieutenant ; 2 sergents, 35 soldats.

9e — Mouraille, de Boissière, capitaine ; Lavalette, lieute-nant ; 2 sergents, 35 soldats.

10e — Paysac, d'Alais, capitaine ; Dufour, de Vézénobres, lieutenant ; 2 sergents, 45 soldats.

11e — Rouvière, de Brignon, capitaine ; Cabrus, de Brignon,

recevait, en outre, une pension de 1,200 livres et un brevet de capitaine pour son jeune frère.

Pas un mot sur les causes du soulèvement, rien touchant les garanties sur la liberté du culte.

Voilà le grand acte de générosité du roi que Ménard, l'historien nimois, se plaît à exalter !

— « La postérité, dit-il, aura lieu de s'étonner d'un accommodement si inouï. Mais il faut considérer l'état de cette contrée, qui gémissait depuis si longtemps sous le poids de la désolation. Il fallait à de grands maux des remèdes extraordinaires ; et ce n'était que dans la douceur et dans le ménagement des chefs qu'on pouvait les trouver (1). »

---

lieutenant ; 2 sergents, 35 soldats.

12e — Constant, de Moussac, capitaine ; Boucoiran, lieutenant ; 2 sergents, 38 soldats.

13e — Brueis, de Valence, capitaine ; Cazalis, d'Euzet, lieutenant ; 2 sergents, 45 soldats.

14e — Maigre, de Saint-Geniès, capitaine ; Brunel, lieutenant ; 2 sergents, 45 soldats.

15e — *Cavalerie :* Marchand, de Fons, capitaine ; Sauzet, maréchal-de-logis, 30 cavaliers.

Officiers de la suite, 21 ; un chirurgien-major. Total (746 hommes).

(1) Ménard, *Histoire de la Ville de Nimes*, tome VI, page 366.

CHAPITRE XI.

Traité de paix entre le maréchal de Villars et Jean Cavalier.

--- « Il y avait huit jours, dit Cavalier, dans ses mémoires, que j'étais à Calvisson, lorsque je reçus une lettre de M. le maréchal de Villars par laquelle il m'ordonnait de venir le trouver, ayant reçu de la Cour la réponse à mes demandes.

» Quand j'eus vu que la plupart m'étaient refusées, je m'en plaignis, et surtout de ce qu'on ne nous accordait pas de ville de sûreté; mais M. le Maréchal me répondit que la parole du roi valait mieux que vingt villes de sûreté, et qu'après les troubles que nous lui avions donnés, nous devions regarder comme un effet de sa grande clémence qu'il nous accordât la plupart de nos demandes.

» Cette raison, ajoute Cavalier, n'était pas satis-
faisante ; mais comme il n'était plus temps de recu-
ler, et que j'avais mes raisons aussi bien que la
Cour de faire la paix, je pris ma résolution de
bonne grâce (1). »

Voici du reste le traité remis par Cavalier au
maréchal de Villars, lequel fut accepté par la
Cour après quelques changements (2).

*Très humble requête des réformés du Languedoc
au roi.*

Projet de traité de Cavalier.	Réponses du roi.
I. Qu'il plaise au roi de nous accorder la liberté de conscience dans toute la province et d'y former des assemblées religieuses dans tous les lieux qui seront jugés convenables, hors des places fortes et des villes neutres.	Accorde, à condition qu'ils ne bâtiront point d'églises.

(1) Memoirs of the wars of the Cevennes, under colonel
Cavalier, book 4. Londres, 1826.

(2) L'authenticité du traité entre Jean Cavalier et le maréchal de Villars, mise en doute par Antoine Court, est néanmoins admise par la plupart des historiens.

II.

Que tous ceux qui sont déte-
nus dans les prisons ou sur les
galères pour cause de religion,
depuis la révocation de l'édit de
Nantes, seront mis en liberté,
dans l'espace de six semaines,
à compter de la date de la dite
requête.

Accordé.

III.

Qu'il soit permis à tous ceux
qui ont abandonné le royaume
pour cause de religion d'y revenir librement et sûrement, et
qu'ils y soient rétablis dans tous
leurs biens et privilèges.

Accordé,
à condition qu'ils
prêteront ser-
ment de fidélité
au roi.

IV.

Que le parlement de Languedoc soit rétabli sur son ancien
pied et dans tous ses privilèges.

Le roi y avi-
sera.

V.

Que la Province soit exempte
de capitation pendant dix ans.

Refusé.

VI.

Que les villes de Montpellier, de Perpignan, de Cette, d'Aiguesmortes, nous soient accordées et remises comme villes de sûreté.

Refusé.

VII.

Que les habitants des Cévennes, dont les maisons ont été brûlées ou détruites durant le cours de cette guerre, soient exemptés d'impôt pour sept ans.

Accordé.

VIII.

Qu'il plaise à Sa Majesté de permettre à Cavalier de choisir deux mille hommes, tant de gens de sa troupe que de ceux qui seront délivrés des prisons ou des galères, pour lever et former un régiment de dragons au service de Sa Majesté, qui ira servir en Portugal et qui recevra immédiatement les ordres de Sa Majesté.

Accordé, moyennant que tous mettent bas les armes; le roi leur permettra de vivre tranquillement dans le libre exercice de leur religion.

En vertu du plein pouvoir que nous avons
reçu du roi, nous avons accordé aux réformés de
Languedoc les articles ci-dessus énoncés.

Fait à Nimes, le 17 mai 1704.

Signés : Le Maréchal de VILLARS.
LAMOIGNON de BAVILLE.
J. CAVALIER.
Daniel BILLARD.

Le plus difficile restait à faire à Cavalier ; il
fallait faire accepter la paix aux bandes soulevées.

L'intrépide Roland fut inébranlable.

Si on s'en rapporte à Cavalier lui-même, ce ne
fut qu'une feinte concertée entre eux.

— « Le maréchal m'engagea, dit-il encore (1)
dans ses mémoires, à voir Roland et à le persuader
d'entrer dans le traité. J'y fus, mais bien loin de
cela, j'encourageai Roland dans la résolution de
ne pas se rendre jusqu'à ce que les articles fussent
exécutés, suivant la promesse du roi, et, en cas
qu'ils ne le fussent, je lui donnai ma parole d'honneur de quitter le royaume. »

---

(1) Memoirs of the wars of the Cevennes, under colonel
Cavalier, book 4. Londres, 1826.

Les soldats de Cavalier eux-mêmes se soulevè-
rent contre lui, et il se vit obligé de se dérober
par la fuite à leur fureur. A leurs yeux, il em-
portait avec lui une réputation de lâcheté et de
trahison.

Le maréchal de Villars était venu avec Cavalier
s'installer à Anduze, qui devint le centre des négociations.

Bâville vint l'y rejoindre.

Le maréchal, persévérant dans son rôle de pa-
cificateur, fit de nouveaux efforts dans ce but.

Aidé par d'Aigaliers, il prépara la réunion de
Durfort, où devaient se traiter les conditions de la
soumission, et eut une conférence à Anduze avec
Roland.

Mais les Camisards ardents firent échouer successivement toutes ces tentatives de pacification,
non sans faire courir les plus grands dangers à
Cavalier et à d'Aigaliers.

Le maréchal de Villars, voyant ses efforts inutiles, quitta Anduze où il s'ennuyait, paraît-il, après
avoir donné l'ordre de recommencer les opérations militaires, et revint à Nimes avec Cavalier,
où celui-ci éveillait la sympathie partout où il se
montrait. Il disait publiquement à la foule — « qu'il
avait pris les armes pour venger ses frères de la

persécution du clergé et afin de leur procurer la liberté religieuse.

« S'il avait prêté les mains à un arrangement, ajoutait-il, c'était par la volonté des protestants eux-mêmes, et il s'y était d'autant plus décidé que les défaites récentes qu'il avait subies, et les secours sur lesquels il avait compté faisant défaut, ne lui permettaient plus de se soutenir. »

CHAPITRE XII.

Cavalier quitte le Languedoc. — Son entrevue à Versailles
avec Louis XIV.

Cavalier songea à quitter le Midi. Il se rendit
d'abord à Alais (26 mai 1704), accompagné de son
jeune frère, pour revoir son père et son frère
aîné, retenus comme otages au fort de cette ville.
Le gouverneur, M. de Guines, s'y prêta de fort
bonne grâce, et le soir même, désireux de revoir
son lieu de naissance, il se rendit à Ribaute.

Enfin, le 21 juin, après avoir pris congé du
maréchal de Villars, il partit pour Mâcon avec
150 de ses compagnons d'armes.

Après avoir séjourné avec eux quelque temps
dans cette ville, il vint à Paris. Il désirait obtenir

une audience du roi, qui avait lui-même manifesté le désir de le voir, voulant plaider auprès de lui la cause de ses coreligionnaires, et s'assurer si le traité qu'il avait négocié avec Villars était connu de lui.

M. le ministre de Chamillard lui en avait donné avis à Mâcon, par l'intermédiaire de d'Aigaliers, revenant de la cour.

— « Le roi, lui avait-il écrit, consent à ce que vous veniez à Versailles. Le porteur de ma lettre vous servira de guide ; il vous conduira d'abord près de moi, pour que je vous entretienne avant d'être admis auprès de Sa Majesté. Que personne ne connaisse le secret de votre voyage, c'est le désir du roi. »

L'arrivée de Cavalier à Paris excita la curiosité publique ; l'intrépide résistance du pâtre cévenol était connue de tous.

On se pressait, comme au devant d'un triomphateur, pour le voir dans les rues, qu'il traversa à cheval.

— « Le peuple, dit Saint-Simon, était si avide de le voir que c'était scandaleux » (1).

---

(1) *Mémoires de Saint-Simon*, tome II, page 261.

Dès que Cavalier se trouva à Versailles, en présence de M. de Chamillard, il lui témoigna le désir de communiquer au roi des choses importantes.

— « Quelles révélations avez-vous à lui faire ? » lui dit le ministre.

— Monseigneur, répondit-il, je ne veux les faire connaître qu'au roi seul.

Le ministre se prêta à ce désir qu'il savait être dans les vœux de son maître.

Cavalier se présenta donc au jour convenu au palais de Versailles; il attendit la sortie de Louis XIV de la messe et se vit bientôt introduit auprès du monarque redoutable dont il avait eu le courage, lui simple valet de berger et à peine à l'âge d'homme, de méconnaître les arrêts, et qu'il avait humilié même dans la personne de ses maréchaux.

— « Sire, dit le ministre, voici Cavalier, le chef des rebelles des Cévennes.

— Qu'avez-vous à me dire ? dit le roi.

— « Sire, je viens protester devant Votre Majesté des sentiments de dévoûment de tous vos sujets des Cévennes. Si nous avons pris les armes, c'est pour résister à la persécution la plus cruelle, défendre notre vie et celle de ceux que nous aimons. Il n'est pas d'exactions, de mauvais traitements, de cruautés de toutes sortes que nos malheureuses contrées n'aient subies depuis plus de vingt ans, contre les intentions de votre Majesté, et cependant rien n'a pu faire départir les religionnaires de Languedoc de la fidélité qu'ils doivent à leur prince, tout en restant dévoués du fond de leur conscience à la foi protestante.

» Voilà nos crimes! Sire, ce n'est pas sans regret que nous nous sommes vus forcés de déplaire à Sa Majesté; mais je puis donner l'assurance au roi que tous mes compatriotes sont prêts avec moi à se dévouer à son service, s'il daigne oublier le passé et sanctionner les conditions de paix, solennellement acceptées, au nom du roi, par M. le maréchal de Villars. »

Louis XIV avait écouté Cavalier avec patience jusqu'à ce moment.

A ces derniers mots, qui rappelaient la promesse faite en Languedoc par son lieutenant, d'accorder aux révoltés la liberté de conscience, son visage s'assombrit et il répondit avec animation :

— « Ne me parlez pas de cela, je vous défends d'en jamais dire un mot, sous peine d'encourir mon indignation. Si les rebelles se soumettent, je verrai ce qu'il convient de faire des prisonniers et des galériens. Le duc de Savoie vous a-t-il envoyé de l'argent ou des armes ?

— Nous n'avons rien reçu de personne, Sire. »

Le roi, toujours sous l'empire d'une vive excitation, lui rappela la mort des prêtres et l'incendie des églises.

— « C'est aux cruautés du maréchal de Montrevel qu'il faut attribuer tous ces malheurs, Sire, et notamment au massacre du moulin de Nimes. »

Le roi parut étonné, et se tournant vers M. de Chamillard.

— « Quelle est cette affaire ? lui demanda-t-il.

Le ministre parut embarrassé.

— Sire, dit-il, c'est un ramassis de vagabonds que M. le maréchal de Montrevel a châtiés (1).

— J'ai dit la vérité, Sire, reprit Cavalier, tous les témoins peuvent l'attester, et si je trompe Votre Majesté, je me dévoue à sa juste indignation ; je ne nie pas avoir brûlé plusieurs villages par représailles, ni des églises qui servaient de forteresses.

Le roi s'étant radouci lui dit :

— Voulez-vous être catholique ?

— Sire, ma vie est entre vos mains, je suis prêt à la donner pour le service de Votre Majesté ; mais

---

(1) Le dimanche des Rameaux 1703, une assemblée de Religionnaires se tenait à Nimes, dans un moulin du faubourg des Carmes. Dès qu'il en est instruit, Montrevel, escorté de dragons, fond sur eux et en fait un horrible carnage ; il ordonne ensuite de mettre le feu à la maison ; quatre-vingt personnes, femmes ou enfants, périrent dans cette journée.

quant à ma religion, pour aucune considération je n'en changerais jamais !

— Bien, dit le roi, allez ; soyez plus sage à l'avenir : ce sera excellent pour vous ».

Cavalier s'inclina et sortit.

Il était amplement fixé : toutes les promesses de Villars s'évanouissaient ; il comprit que la soumission la plus absolue restait seule à ses infortunés coreligionnaires.

Après l'audience royale, Cavalier fut reconduit par Chamillard, et se vit reprocher sévèrement par lui ses accusations contre Montrevel. Le ministre l'engagea vainement encore à se convertir.

— « Pensez-vous, lui dit-il, que la religion du roi soit fausse ? Dieu le bénirait-il comme il le fait ?

— Monseigneur, répondit Cavalier, le mahométisme a possédé une grande partie de la terre. Je ne juge pas les desseins de Dieu.

— Vous êtes, je le vois, un obstiné huguenot, dit le ministre, et ils se séparèrent ».

L'entrevue de Jean Cavalier avec Louis XIV, telle qu'il l'a insérée dans ses mémoires et que nous avons rapportée, a été à tort mise en doute par plusieurs historiens.

Antoine Court, notamment, mentionne la version selon laquelle le roi ayant voulu voir Cavalier, celui-ci aurait été placé sur le grand escalier où Sa Majesté devait passer.

— « Ce monarque, dit-il, jeta les yeux sur lui et haussa les épaules ! » (1).

Dans le cas improbable où cette assertion serait exacte, il ne l'avait pas jugé digne de dédain, le vieux roi, quand l'humble pâtre du Gardon, à 21 ans, taillait en pièces ou tenait tête pendant quatre ans à 20,000 hommes de ses meilleurs soldats, lassait trois de ses maréchaux, et lorsqu'il envoyait pour le réduire son plus illustre homme de guerre !

La version relative à l'entrevue muette de Cavalier avec Louis XIV, relatée par Antoine Court et reproduite par Voltaire, est donc contredite absolument par Cavalier dans ses mémoires, puisqu'il assure que le roi eut un long entretien avec lui et qu'il en rapporte les termes.

Pourquoi du reste ce fait serait-il contesté ?

S'il est vrai que Cavalier, mandé par M. de Chamillard à Versailles, ait été vu par le roi, quoi d'étonnant que Louis XIV ait désiré connaître plus amplement l'intrépide montagnard dont les exploits l'étonnèrent ? (2)

---

(1) Antoine Court, *Histoire des Camisards,* tome III, p. 7.
(2) Saint-Simon se trouve au nombre des historiens qui

Peut-être un jour nouveau sera-t-il jeté, dans l'avenir, sur ce point contesté de l'histoire !

---

nient l'entrevue de Louis XIV et de Jean Cavalier : « Il vint à Paris, dit-il, et voulut voir le roi, à qui pourtant il ne fut point présenté ». (*Saint-Simon*, t. IV, page 186),

CHAPITRE XIII.

Cavalier passe en Suisse.

Revenu à Mâcon au milieu des siens, mais peu rassuré sur son compte, et avisé secrètement qu'on se proposait de l'enfermer dans la forteresse de Neuf-Brisach, Cavalier forma le projet, avec ses compagnons, de passer à l'étranger.

Leurs prévisions, du reste, n'avaient pas tardé à se réaliser. Ils reçurent un jour l'ordre de partir et se virent diriger du côté du Rhin.

Leur parti fut pris ; une nuit, peu d'instants après leur arrivée à Onan, petit village à trois lieues de la frontière, ils se dérobent à leurs conducteurs, et par Montbéliard pénètrent dans le

Porrentruy et de là en Suisse, où ils arrivent le 1er septembre.

Le baron d'Aigaliers ne devait pas tarder, à son tour, à subir l'ingratitude du roi. En récompense du zèle qu'il avait déployé en vue de la pacification, il reçut un ordre d'exil ; bientôt même, chassé de Genève avec sa mère et privé de ressources, il rentre en France, est arrêté à Lyon et conduit au château de Loches en Anjou. Ayant essayé de s'évader, il fut tué par la balle du factionnaire.

Cavalier se rendit à Lausanne où de nombreux réfugiés vinrent se grouper autour de lui. Il s'occupa dès lors de former un régiment qu'il se proposait de mettre au service du duc de Savoie, dont les efforts combinés avec ceux de la marine hollandaise avaient pour but de porter la guerre en France et de débarquer un corps d'armée sur les côtes de Languedoc.

Le comte de Briançon, le marquis de Miremont, réfugiés Français, le colonel de Portes, unis pour la même cause, recrutaient en Suisse des soldats.

Louis XIV parut s'émouvoir de toutes ces menées aux portes de son royaume et chargea son ambassadeur, le marquis de Puisieux, de s'en expliquer avec le gouvernement de Berne.

Mais les temps étaient changés ; le vieux mar̦
de Mme de Maintenon était loin déjà des temps
glorieux de son règne. Battu par les Anglais et le
prince Eugène, il avait vu son prestige diminuer
en Europe.

Ses remontrances au Conseil de Berne ne furent pas écoutées ; la Suisse s'associa aux ressen-
timents des exilés, et les victimes de la persécution de Louis XIV continuèrent à trouver un abri
dans le pays de Vaud.

Cavalier passa bientôt après en Hollande, où il
était certain d'être accueilli avec faveur ; ses meilleurs officiers le suivirent et ils se mirent au service du gouvernement Néerlandais. Il obtint un
brevet de colonel et la permission de lever un
régiment qui reçut l'ordre d'aller servir en Espagne, où il figura glorieusement à la mémorable
bataille d'Almanza.

Le général Berwick, né Anglais, chassé de son
pays par une révolution et naturalisé Français,
luttait contre le marquis de Ruvigny, Français de
naissance, devenu Anglais à la suite de la révocation de l'Edit de Nantes. Ce dernier avait vu accou-
rir sous ses drapeaux un grand nombre de réfugiés
protestants.

Le régiment de Cavalier se trouva à un moment
de la bataille en face d'un régiment français ca-

tholique. Les Français, animés par la passion religieuse, se reconnurent, fondirent avec ardeur les uns sur les autres, et tel fut leur acharnement que, sans se servir de leurs armes à feu, ils se prirent corps à corps et s'égorgèrent avec rage.

300 hommes à peine survécurent des deux régiments ; celui de Cavalier fut presque entièrement détruit.

Le souvenir de cette mêlée sanglante revenait parfois à l'esprit du maréchal de Berwick ; il en parlait comme un des plus tragiques épisodes de sa vie de soldat.

CHAPITRE XIV.

Roland est tué au château de Castelnau (14 août 1704).

Près de trois mille insurgés tenaient encore la campagne en Languedoc ; les rigueurs de Villars, les efforts admirables du baron d'Aigaliers, qui ne cessa de jouer sa vie pour rapprocher les combattants, et qui en sera récompensé bientôt par l'exil du royaume ; la mort, enfin, de l'illustre Roland, vinrent hâter le dénouement.

Sa fin fut dramatique. Il succomba victime d'une infâme délation.

Il y avait à Uzès un jeune homme nommé Malarte, que Roland avait comblé de marques d'attachement, dépositaire de toute sa confiance et qu'il aimait comme un fils.

Eh bien ! c'est de là que viendra la trahison.

On lui promet cent louis s'il livre son bienfaiteur ; il accepte et précise au commandant de la ville le jour et l'heure (14 août 1704) où le redoutable chef doit se trouver au château de Castelnau , à 3 lieues d'Uzès.

Des soldats partent immédiatement.

Roland et Maillé de Corbès, son compagnon de guerre, s'y trouvaient à un rendez-vous d'amour.

Ils avaient noué une intrigue avec deux sœurs, filles du sieur Cornély, gentilhomme de Lasalle. Trompant la surveillance de leur famille, et sous prétexte d'aller aux eaux d'Euset, elles se trouvaient au château de Castelnau cette nuit-là (1).

Déjà depuis quelque temps Roland s'était attaché par les liens du cœur avec l'aînée. Le rude guerrier du désert donnait à cette liaison les instants de trêve que lui laissait la guerre.

Mlle Cornély était fille d'un gentilhomme protestant, d'origine italienne, habitant le château de Cornély, près La Salle.

-----

(1) Les demoiselles Cornély, à la faveur du désordre pendant la surprise du château de Castelnau, parvinrent à fuir ; leur confidente, nommée d'Hombres , fut seule arrêtée et relâchée bientôt après.

Ses contemporains s'accordent à dire qu'en elle se trouvaient réunis les avantages de la personne et de la figure. Elle avait trente ans, une taille médiocre mais bien prise, un visage quelque peu marqué de la petite vérole, mais blanc, rond et plein, des cheveux châtains et de grands yeux vifs et animés.

La valeur du héros du désert dont elle partageait l'ardeur religieuse l'avait touchée. Roland commandait une armée ; il tenait tête aux maréchaux de Louis XIV et les battait ; il se parait du titre de comte et était reçu avec honneur dans les châteaux de la contrée. Elle voyait l'objet de son amour couvert de gloire, et trouvait en lui le défenseur de sa foi, l'appui de sa famille, le vainqueur de l'ennemi commun.

Quelles que fussent la différence des conditions entre elle et lui, elle oublia tout : son rang, sa noblesse, pour n'obéir qu'aux mouvements de son cœur.

La vie errante de Roland prolongeait fréquemment la séparation des deux amants ; sous l'empire de l'attachement qui la dominait, elle ne craignit pas de suivre ses pas, et compromit ainsi plus d'une fois la sécurité de celui qu'elle aimait, en dévoilant ainsi et malgré elle le mystère de sa retraite.

Bâville, averti, marchait sur les traces de Ro-

land en suivant celles de son amante. Il l'avait fait saisir une fois, espérant, par crainte, obtenir d'elle des révélations. Il put se convaincre bientôt de son illusion. Il n'obtint rien, et sa détention n'eut qu'un résultat: jeter des ténèbres sur la marche du redoutable chef huguenot.

Il la relâcha, la fit surveiller, comptant toujours saisir un jour, grâce à elle, celui qui, depuis la soumission de Cavalier et celle de nombreux chefs protestants, avait réuni sur sa tête toute leur autorité et en qui résidait la suprême espérance de l'insurrection.

Les prédictions de l'intendant et des généraux du roi devaient se réaliser dans la fatale nuit du 14 août 1704.

Surpris, au château de Castelnau, au milieu de leur sommeil, les Camisards cherchent à s'échapper.

Roland sort par une porte dérobée et veut fuir.

A deux kilomètres du château, il est atteint.

Adossé à un arbre, cerné de toute part, le rude guerrier du désert, une arme à la main, voit la mort en face et défie encore ses plus hardis ennemis d'approcher. Les officiers restent un moment interdits : sa fière contenance les déconcerte ; enfin, à distance, un dragon l'abat d'un coup de feu.

Son cadavre fut transporté à Nimes, et Bâville

le fit condamner à être traîné sur la claie par toute
la ville et à être brûlé (1).

PROCÈS FAIT AU CADAVRE DE ROLAND ET JUGEMENT DE SES
COMPLICES.

(1) Nicolas de Lamoignon, chevalier, comte de Launay,
Courson, seigneur de Bris Vaugrigneuse, Chavagne, Lamothe
Chandenier, Beuxe et autres lieux, conseiller d'État ordinaire,
intendant de Languedoc.

Entre le Procureur du Roy Demandeur en réparation du
crime de Lèze majesté, au second chef meurtres et incendies
commis par le nommé La Porte dit Roland, chef des Rebelles,
et ses complices d'une part ;

Et M. Georget, Procureur au Présidial de Nismes, curateur
créé pour la défence du cadavre dud. Roland, et les nommés
Maillé, Raspal dit Languedoc, Grimaud, Gauterelle, Guérin,
deffendeurs d'autre ;

Veu par nous, avec les officiers du Présidial de Nismes
l'arrest du Conseil du 15 février dernier, par lequel il a plu
à Sa Majesté, etc., etc.

Nous, de l'avis desd. officiers Présidiaux, par jugement dé-
finitif, en dernier ressort et sans appel, avons déclaré led.
feu Pierre La Porte dit Roland, atteint et convaincu du crime
de Lèze majesté et de Rébellion ouverte, pour avoir esté l'un
des principaux chefs des Révoltés contre le Roy, pour réparation de quoy avons ordonné que le cadavre dud. La Porte dit
Roland sera traisné sur une claye jusqu'à la place publique
de l'esplanade de cette ville où il sera bruslé et les cendres
jettées au vent ; et pour les cas résultants du procez avons
condamné et condamnons lesd. Guerin, Raspal, Couterel,
Maillé et Grimaud accusés, à estre rompu vifs et à expirer

Cinq officiers de Roland avaient été faits prisonniers dans le château ; c'étaient :

Jean Maillé, de Corbès, tanneur, âgé de 26 ans.

Jacques Guérin, de Blausac, maréchal, âgé de 22 ans.

Charles Raspal, de Saint-Félix-de-Lodière, tanneur, âgé de 26 ans.

M. Antoine Cousterelle, d'Outes, âgé de 22 ans.

François Grimaud, de Sommières, cardeur, âgé de 22 ans.

Ils furent condamnés par les juges du présidial à être rompus vifs.

----

sur la roüe, et leurs corps morts ensuite portés aux fourches patibulaires pour y demourer exposés, leurs biens et ceux dud. Roland confisqués au profit du Roy, distrait sur iceux la somme de cinq cens livres d'amende au profit de Sa Majesté paiable solidairement et les frais et depens du procez ; lesd. Guerin, Raspal, Couterel, Mailhier et Grimaud préalablement apliqués à la question ordinaire et extraordinaire pour avoir revelation des complices ; Ordonnons en outre que le château de Castelnaud sera démoly et rasé jusques aux fondemens, ce qui sera exécuté nonobstant opposition ou appellation quelconques et sans déférer.

Fait à Nismes le seizième aoust 1704.

Signé : DE LAMOIGNON, MALIAN, rapporteur, GEVAUDAN, DE LA BAULME, FABRE, MÉNARD, GALEPIN DE VARANGLES, DE FABRIQUE, NOVY.

L'échafaud fut dressé sur l'Esplanade. Ils y moururent courageusement, sans cris ni plainte.

Maillé notamment, montra, jusqu'à son dernier soupir, une indicible fermeté. En se couchant sur la roue, il dit à l'exécuteur : — « Voilà une jambe, brise-là ». Il avait le corps tout rompu qu'il levait encore la tête pour crier à ses compagnons :

— « Courage, mes frères ! ceci va bien ; souffrez constamment et n'écoutez point ces gens-là », en parlant des prêtres qui les assistaient.

A côté de l'échafaud brûlait le bûcher, qui consumait le corps de Roland, leur chef.

Et voilà l'horrible spectacle auquel l'évêque de Nimes, Fléchier, entouré de prélats, eut la cruauté d'assister !

CHAPITRE XV.

La maison de Roland.

Ainsi finit Roland, à l'âge de 23 ans.

Fidèle à l'idée qui avait armé son bras, il avait refusé de suivre Cavalier dans ses négociations avec l'astucieux Villars.

La liberté de conscience ! tel fut le drapeau dont il s'enveloppa et sous lequel il combattit avec héroïsme. Dédaigneux de toute considération personnelle, son âme, forte et trempée au feu de la persécution, ne faiblit jamais.

Roland était né au Mas-Soubeyran, hameau perdu dans les bois, situé dans la commune de

Mialet, près Anduze (1) ; — « il était de taille moyenne, d'une constitution nerveuse et robuste, gravé de petite vérole, mais d'un beau teint, les yeux grands, le regard plein de feu, mais voilé, les cheveux longs et d'un blond obscur. Il était naturellement grave, silencieux, impérieux, de parole brève et mâle, de tête et de cœur ardent, sous un aspect impassible » (2).

« Il y a comme un reflet de Coligny et du Taciturne sur ce jeune chef cévenol d'une indomptable ténacité, organisateur habile autant que vaillant soldat, à la fois prophète et général, résolu à faire son devoir jusqu'à la mort, tenant en échec Bâville, Montrevel, Villars, et tombant, victime de la trahison, sous les murs du château de Castelnau, avec le double prestige du héros et du martyr, que consola aux heures les plus sombres le mystérieux amour de la châtelaine de Cornély » (3).

ACTE DE BAPTÊME DE ROLAND.

(1) Du 7ᵐᵉ janvier 1680, Pierre Laporte, fils de Jean Laporte et de Magdellaine Grasse dumas (*sic*) Soubairan, a esté batizé par moy ministre soubzné prezanté en basteme par Pierre Laporte et Pierre Bonhailhe, né le 3ᵐᵉ dud. mois.

DESOSTELLE M.

(Extrait des registres du temple de Mialet)

(2) N. Peyrat, *Histoire des pasteurs du désert*, t. I, p. 328.

(3) M. Jules Bonnet, *La maison de Roland*, brochure in-8°, Paris, 1880.

La figure historique de Roland n'a cessé de grandir, comme celle d'un des défenseurs les plus obstinés et les plus désintéressés de la plus juste des causes.

Un hommage pieux a été rendu récemment à sa mémoire.

Le dernier descendant de l'illustre chef cévenol vit encore ignoré au Mas-Soubeyran, petit village bâti sur une éminence qui domine le cours du Gardon, « ce Jourdain cévenol ».

La maison forme « un bâtiment d'un étage et de médiocre étendue, mais antique d'aspect. Un escalier qui semble taillé dans le roc aboutit à une terrasse exposée au midi, où s'épanouissent sous le ciel bleu quelques plants d'orangers et de laurier rose. Sous le rebord du toit, un nid d'hirondelle complète la rustique décoration. A l'intérieur s'ouvrent quatre pièces d'une exquise propreté, dont une, celle du fond, montre un large foyer, symbole de patriarcale hospitalité. Dans la même pièce une antique armoire recèle un mystérieux caveau improprement appelé la *cachette de Roland*. Le chef Camisard n'eut de retraite que les cîmes inaccessibles des monts et des grottes du désert » (1).

---

(1) M. Jules Bonnet, *La maison de Roland*, brochure in-8°, Paris, 1880.

L'historien contemporain que nous venons de citer, M. Jules Bonnet, par une heureuse initiative, a conçu récemment le projet, en présence de la situation peu fortunée où se trouvait le dernier descendant de Roland, de faire appel à tous ceux qu'intéressent les souvenirs glorieux des luttes protestantes, et d'assurer, par une association ·généreuse, l'usage de la maison natale du chef Camisard à son descendant, qu'un état précaire de fortune ne lui aurait pas permis de conserver.

Cet appel a été entendu : une somme de 10,000 fr. rapidement offerte est venue désintéresser les créanciers, et l'héritier du plus illustre des **La**porte, sur le point d'être dépossédé, mourra en paix où naquit son aïoul (1).

ACTE DE VENTE DE LA MAISON DE ROLAND.

(1) L'an mil huit cent quatre-vingt et le dix-neuf juin ;

Devant Casimir-Frédéric Gontier et son collègue, notaires à Anduze (Gard), soussignés ;

Est présent :

M. Jean-Louis Laporte, sixième de nom, propriétaire, domicilié au mas Soubeiran, commune de Mialet, canton de Saint-Jean-du-Gard ;

Lequel a vendu et aliéné avec la garantie de droit :

A Monsieur le baron de Schickler, propriétaire, demeurant à Paris, place Vendôme, n° 17,

« Agissant au nom et comme président de la *Société de*

» *l'Histoire du Protestantisme Français*, dont le siège est
» à Paris, place Vendôme, nº 16, la dite Société reconnue
» d'utilité publique par un décret impérial, en date du palais
» de Saint-Cloud, du treize juillet mil huit cent soixante-dix ».

Les immeubles ci-après désignés, tous situés dans la dite commune de Mialet ;

Une maison d'habitation et d'exploitation située au hameau du mas Soubeiran, et connue sous le nom de maison du général Roland, etc.........

Avec la dite maison demeure vendue la vieille Bible de Roland, ainsi que sa hallebarde et le vieux banc placé sous la grande cheminée de la cuisine de la maison ; ces dits trois objets en la possession actuelle du vendeur et qu'il devra livrer à l'acquéreur à sa première demande ;

Cette vente est convenue moyennant la somme de quatre mille francs...

Au moyen de ce, le dit Jean-Louis Laporte, vendeur, s'est démis et dépouillé des objets par lui ici vendus et en a investi et saisi la dite Société du Protestantisme Français, pour celle-ci, en jouir et disposer à son gré à partir de ce jour, en vraie et incommutable propriétaire, à la charge de l'impôt foncier.

Dont acte.

CHAPITRE XVI.

Fin de l'insurrection des Cévennes. — **Réflexion** sur la
soumission de Cavalier.

L'effort de l'insurrection Cévenole est fait : le
découragement pénètrera peu à peu dans les rangs
des Camisards ; le nombre de ceux qui demande-
ront l'amnistie s'accroîtra tous les jours.

Les populations étaient lasses de vexations,
de dragonnades et de supplices.

Les principaux chefs de bandes, pleins encore
du souffle guerrier qui animait Cavalier : Ravanel,
Catinat (1), Claris, Mazel, trahis ou battus, meu-

---

(1) Le nom véritable de Catinat était Abdias Morel ; il était
né au Caylar, près Aiguesmortes. Son surnom tenait à ce qu'il

rent tous successivement sur la roue ou le bûcher.

Le maréchal de Villars est rappelé en 1705,
après avoir tenu les Etats, qui lui votent des ré-
compenses à lui et à sa femme.

— « Les Etats , dit Fléchier, lui ont fait un présent de 12,000 livres, et à madame la maréchale un
de 8,000, avec tous les éloges qu'ils ont mérités. »

Il retourna à Versailles recevoir les éloges du
Roi :

— « Vos services passés, lui dit Louis XIV, me
donnent de grandes espérances de ceux que vous
pouvez me rendre à l'avenir, et les affaires du
royaume en iraient beaucoup mieux , si j'avais
plusieurs Villars ; mais n'en ayant qu'un, je ne
puis l'envoyer qu'aux endroits les plus nécessaires ; c'est pourquoi je vous avais envoyé en
Languedoc.

« Vous y avez remis la tranquillité parmi mes
sujets, il faut maintenant les aller défendre contre
mes ennemis. Vous irez commander l'armée que
j'aurai sur la Moselle, la campagne prochaine (1). »

---

avait servi dans le corps de troupes du maréchal Catinat.

Il fut brûlé vif à Nimes, sur la place de la Bouquerie, avec
Ravanel, le 21 avril 1705, à 10 heures du matin.

(1) Mémoires de Villars, p. 218.

Le roi avait hâte, en effet, de remettre l'illustre
maréchal à la tête des armées.

Son rappel d'Allemagne pour l'opposer aux Cévenols avait été néfaste ; dès son départ, les alliés
remportèrent la victoire d'Hochsted, notre premier
désastre dans la guerre pour la succession d'Espagne.

Le duc de Berwik le remplace comme gouverneur en Languedoc, où il devait céder bientôt la
place au duc de Roquelaure, personnage burlesque
et odieux qu'une fantaisie de cour imposait à la
Province. — « Le roi, dit Saint-Simon, touché de
la douleur des beaux yeux de Mme de Roquelaure,
envoya son mari commander en Languedoc, au
scandale de toute la France ».

Lorsque Jean Cavalier déposait les armes devant
Villars, n'avait-il eu d'autres vues, comme il le
proclamait publiquement, que de procurer à ses
coreligionnaires la liberté de conscience ?

Ses compagnons, et le prophète Daniel, son prin-
cipal confident, disaient à ses partisans :

— « Vous aurez les prisonniers et les exilés,
et nous vous obtiendrons des temples. »

Ou bien, l'intrépide chef des Camisards, après
ses dernières défaites, convaincu de l'impossibilité
d'une plus longue résistance, cédait-il au désir de
mettre un terme à une guerre lamentable et sans

espoir, même en se contentant de concessions incomplètes ?

Ou bien encore, comme le lui reprochent certains historiens, n'a-t-il obéi qu'à des sentiments d'égoïsme, et s'est-il préoccupé d'avantages personnels, prenant au sérieux ce titre de colonel que lui jetait Villars, et croyant naïvement à la possibilité de jouir des faveurs royales dans un pays encore déchiré par les discordes religieuses, sous un règne dominé par les influences qui provoquèrent une terrible levée de boucliers ?

Ou bien encore séduit, abusé par les fausses promesses de Villars, a-t-il été désarmé et joué par l'habile négociateur ?

Quoi qu'il en soit, Cavalier quitta le Languedoc approuvé par les uns, sévèrement jugé par les autres, mais au grand contentement de la cour.

Favorablement accueilli par le gouvernement Néerlandais, il obtint la permission de lever un régiment.

Que voulait-il en faire ?

Soit le regret d'une soumission imprudente, soit qu'il obéît à sa conscience religieuse et sous l'empire d'espérances chimériques, Cavalier, comptant sur le secours de l'Angleterre, de la Hollande, du Piémont, songeait à rentrer en France et à recommencer la guerre.

Une commission existait à la Haye pour les affaires des Cévennes.

Le duc de Malborough y était attendu pour diriger l'entrée en campagne.

Le marquis de Miremont brigua le commandement des troupes qui devaient pénétrer dans les Cévennes par la Catalogne.

Les alliés comptaient beaucoup sur Cavalier et le prestige que son nom exerçait encore, surtout chez ses ennemis.

Fléchier lui-même écrivait le 15 août 1706. — « Nous sommes, grâce au Seigneur, dans une grande tranquillité, contents que Cavalier soit embarqué dans la flotte anglaise. Ce vaisseau périra sans doute, ajoutait le pieux prélat, étant chargé de tant de crimes. Quelque orage imprévu s'élèvera et le brisera contre quelque effroyable rocher.

» Nous ne craignons plus Cavalier. »

Pour organiser son régiment, Cavalier résolut d'y faire entrer ses compatriotes réfugiés, soit en Hollande, soit en Wurtemberg, soit en Suisse ; mais lui seul désirait avoir le droit de les choisir. Les Etats généraux voulaient, au contraire, lui imposer certains noms, notamment parmi les officiers.

Il existe sur ce sujet tout un dossier dans la

bibliothèque de la Haye; il est considérable et renferme plusieurs lettres de Cavalier.

Tous ces projets vainement tentés échouèrent.

Un nouvel ordre de choses paraissait surgir en France. Dans une lettre de Cavalier, interceptée chez un habitant des Cévennes, on lit :

— « Je n'ai jamais douté du zèle et de la bonne affection de mes compatriotes. Il ne tiendra pas à moi qu'ils n'aient entière satisfaction ; mais, à la vérité, je crois que la paix arrêtera tous ces bons desseins : on la croit comme faite » (1709).

CHAPITRE XVII.

Mémoires de Jean Cavalier.

Nous avons parlé des mémoires de Jean Cavalier.

Le manuscrit de l'illustre défenseur de la foi protestante se trouve dans les archives de la capitale politique de la Hollande. Il est écrit en anglais sous ce titre : *Mémoire de la guerre des Cévennes*, par le colonel Cavalier (1).

Ces mémoires s'arrêtent à la journée d'Almanza (c'est le nom d'une bataille que Berwick remporta en Espagne, en 1707, sur les troupes de l'archi-

____

(1) *Memoirs of the wars of the Cevennes*, under colonel Cavalier,

duc Charles, victoire qui rendit le trône à Philippe V).

L'authenticité du manuscrit de la Haye a été vivement discutée par les bibliographes.

Est-ce un document véritablement historique ou l'œuvre d'un copiste ?

Un ancien pasteur du Midi, chargé par le Gouvernement français, en 1856, d'une mission historique en Hollande, après avoir pris connaissance de ce document, s'exprime ainsi :

— « Est-ce le manuscrit original ou bien une copie de ces mêmes mémoires imprimés ? Toujours est-il que l'écriture de ce manuscrit ressemble à celle des lettres de Cavalier.

» J'ai lu avec avidité cet ouvrage, dont depuis longtemps je cherchais à me procurer un des exemplaires imprimés ; mais ce que je cherchais, je fus bien loin de le trouver !

» Pour moi, véritable déception !

» J'espérais y voir le prophète inspiré, le martyr dévoué, le champion ardent et résolu de la cause protestante, à la parole grave, au cœur simple et modeste ! et je n'y découvrais qu'un capitaine railleur, presque gascon, parlant toujours de soi, et ne paraissant guère animé du souffle d'En-Haut.

» Non, l'auteur de ces mémoires n'est pas ce héros des Cévennes, que la tradition populaire a poétisé, et je suis de l'avis d'Antoine Court, qui, dans son *Histoire des Camisards*, prétend que cet ouvrage, où les erreurs fourmillent, ne mérite aucune confiance, et n'a pas été écrit par celui dont il porte le nom (1) ».

Cette opinion, toute de sentiment, paraît très-contestable.

Certes, les mémoires de Cavalier ne donnent de cet homme célèbre qu'une idée incomplète ; les faits inutiles ou même les redites y abondent ; ils sont informes et, en certains points, infidèles.

Mais il ne faut pas oublier qu'ils ont été composés environ dix ans après les sombres évènements qu'ils relatent, et par un homme dépourvu de toute instruction.

Pourquoi donc s'étonner de leur vice de rédaction ?

Quant aux préoccupations personnelles qu'on leur reproche de reproduire, il n'y a là rien que de très ordinaire ; depuis fort longtemps déjà, n'est-on pas habitué à trouver, chez la plupart des auteurs de pareilles œuvres, ces monuments de vanité d'outre-tombe ?

---

(1) **J.-P.** Hugues, pasteur, président du consistoire d'Anduze (Gard). *Compte-rendu d'une tournée en Hollande et en Belgique*, Ch. Meyrueis, 1857.

Si les faits et les personnages sont fréquemment travestis au gré des convenances de l'écrivain, occupé à se dresser un piédestal, oublieux souvent des lois les plus simples de la modestie, si le capitaine Cévenol, en faisant le récit de ses expéditions, ne peut se défendre d'un certain orgueil, qui oserait y trouver à redire en présence des luttes hors de proportions et d'évènements qui resteront comme une des pages les plus extraordinaires de notre histoire? Et si, parfois il altère la vérité, ne peut-on pas accuser l'infidélité de sa mémoire, plutôt que suspecter sa sincérité?

Malgré donc Antoine Court et d'autres historiens, toujours disposés à rejeter un document au gré de leurs croyances ou de leurs passions, il y a lieu de penser que ces mémoires sont vraiment l'œuvre de Cavalier, et ont été rédigés par lui avec toutes les inexpériences de l'art d'écrire, dans toute la chaleur de son âme et de son ardeur méridionale.

Du reste, quiconque a voulu, dans la bibliothèque de la Haye, confronter le manuscrit avec d'autres pièces ou lettres de Cavalier qui y sont déposées, n'a pu que constater la conformité exacte des écritures.

La consultation de ce document n'a cessé jusqu'à ce jour d'être indispensable à ceux qui veulent s'occuper de l'histoire des évènements qu'ils racontent.

C'est en 1712 qu'il les écrivit en Angleterre, et il dut en porter lui-même le manuscrit à la Haye. Un réfugié nimois (1) nommé Galli les traduisit en anglais; ils furent publiés à Londres en 1726 et forment quatre volumes in-8° rares de nos jours et recherchés par les bibliophiles (2).

---

(1) C'est à cette époque que les réfugiés protestants, heureux de trouver en Angleterre une retraite, formèrent à Londres : *La Société des Enfants de Nimes*.

L'article premier était ainsi conçu :

« On recevra dans la Société ceux qui sont nés dans la ville de Nimes et dans les autres lieux qui dépendent du consulat de la dite ville, comme aussi leurs enfants mâles et descendants, lorsqu'ils auront atteint l'âge de quatorze ans, etc. »

Fait à Londres, le 16 décembre, l'an premier du règne de Sa Majesté Anne, 1702.

(2) Il existe, à la bibliothèque Nationale, à Paris, une édition des *Mémoires de Jean Cavalier*, en un volume, texte anglais, in-8°. Dublin, W. Smith, 1726.

CHAPITRE XVIII,

Jean Cavalier en Hollande.

Cavalier se maria en Hollande, ont prétendu plusieurs historiens ; c'est là une erreur qu'il faut dissiper.

Parmi les réfugiés se trouvait une femme d'origine nimoise, et dont l'existence agitée avait attiré l'attention publique.

Mlle Marguerite Petit, née à Nimes en 1663, avait abjuré la religion protestante pour épouser M. du Noyer, capitaine au régiment de Toulouse, et bientôt après appelé au poste de grand maître des eaux et forêts de Languedoc.

Dix ans après son mariage, à la suite de dis-

sensions domestiques, sans le prévenir, elle quitte
son mari avec ses deux filles, passe en Angleterre où elle vit dans la gêne et va s'établir enfin
à La Haye où elle revient au protestantisme, et où
son esprit et son talent d'écrivain lui font trouver
une place dans la rédaction d'une publication litté-
raire (1) appelée *la Quintessence des nouvelles*.

Cavalier se trouva bientôt et tout naturellement
en relation avec cette famille, comme lui origi-
naire de Languedoc.

S'il ne fut pas insensible aux charmes de la fille
de Mme du Noyer, rien ne nous apprend qu'il
l'ait épousée. La mère de cette personne parle,
du reste, assez souvent dans ses mémoires, du
général, ainsi qu'elle appelle Cavalier, sans jamais
le nommer son gendre.

L'aînée de ses filles, mariée à un M. Jacob

---

(1) Mme des Noyers, ou du Noyer, a laissé de nombreux
écrits parmi lesquels il faut citer : *Lettres historiques et ga-
lantes*, 9 volumes in-12, 1757. On trouve dans ces lettres
des anecdotes nombreuses, souvent intéressantes, sur les
grands personnages contemporains ; parfois le désir d'inté-
resser le lecteur les fait entourer par l'auteur d'incidents
supposés et piquants. Avec plus de respect pour la raison et
le goût, Mme des Noyers aurait fait apprécier justement son
esprit vif et facile. Née à Nimes, en 1663, elle mourut à
Utrecht, en 1720.

Constantin, capitaine de cavalerie, se borne à nous faire connaître ses vœux à ce sujet.

Écrivant à son père, elle s'exprime ainsi :

— « Ma mère arriva à La Haye dans le temps
» que Cavalier, ce chef des Camisards, revint
» d'Espagne. Son arrivée fit tant d'éclat parmi le
» peuple que tout le monde voulut le voir : ma
» mère fut de ce nombre. Il n'y eut sorte de
» louanges qu'elle ne lui donna sur ses belles
» actions. Ma sœur ne lui en donna pas moins, et
» je connus dès ces premiers moments que son
» cœur s'enflammait pour ce héros. Ses assiduités
» depuis ce jour me confirmèrent dans mon opi-
» nion, de même que celle où je fus que ma mère
» n'aspirait à rien de mieux qu'à cette alliance » (1).

Veut-on savoir quel était le rival du capitaine Cévenol, désireux aussi d'obtenir la main de Mlle Pimpette des Noyers (2) ? C'était Voltaire ; celui-ci, alors en Hollande, avait été séduit par les charmes de la belle émigrée.

Après réflexion, Cavalier ne donna pas suite à ce projet de mariage, froissé peut-être par les

---

(1) *Mémoires de M. des Noyers*, tome VII, page 129.

(2) Mlle du Noyer s'appelait Catherine-Olympe. Le surnom de Pimpette était un nom familier ; elle épousa plus tard M. de Winterfeld.

irrégularités de la vie de Mme du Noyer; on a voulu même attribuer son infidélité à une prétendue tendresse que cette dernière aurait eue pour lui, et avec laquelle un seul motif de conscience l'aurait fait rompre en visière.

Sollicité par d'autres soins et impatient du repos, il avait résolu d'aller offrir ses services à la reine d'Angleterre, dont il recevait du reste une pension; et pour couper court à toute explication, il profita de l'absence de sa prétendue belle-mère et s'éloigna brusquement.

Le départ de Cavalier exaspéra Mme du Noyer et sa fille. Elles lui adressèrent à Londres une lettre des plus acerbes, et dans leur ressentiment, ne craignirent pas d'en formuler ainsi la suscription :

— *« A Monsieur Cavalier, ci-devant mitron,*
» *puis chef des Camisards, ensuite colonel, et à*
» *présent le plus grand maraut de la terre ! »*

Ce qu'il y a de particulièrement curieux, c'est que Mme du Noyer était par sa mère de la famille des PP. Cotton et La Chaise. L'intrépide défenseur de la liberté de conscience s'est donc trouvé sur le point de devenir le neveu des deux célèbres jésuites, coupables inspirateurs de la révocation de l'Édit de Nantes.

Jean Cavalier a laissé un descendant collatéral en Hollande, c'est M. Golligty, ancien professeur d'Oxford. Sa famille possédait encore, il y a peu d'années, un manuscrit inédit et des lettres de lui.

On sait, en outre, que les mémoires de Tindal (1), écrits sous la reine Anne, parlent longuement du guerrier Cévenol.

Ces documents jetteront peut-être un nouveau jour sur lui. Tout n'a donc pas été dit encore sur le compagnon de Roland.

Le lieu où s'écoulèrent les premières années de la vie de Cavalier est voisin, avons-nous dit, du village de Ribaute ; rien n'y rappelle aujourd'hui son souvenir.

Il avait écrit un jour à Montrevel d'avoir à relâcher son père et son frère, faits prisonniers par ses soldats, sinon qu'il viendrait les délivrer à la tête de 10.000 hommes. Outré d'une pareille audace, le maréchal de Louis XIV expédia 250 dragons à Ribaute, avec ordre de raser la maison de Cavalier au niveau du sol.

Cet ordre fut exécuté (1703).

---

(1) Mathieu Tindal, né en Angleterre, dans le Devonshire, en 1656, mort à Oxford en 1733, est l'auteur de nombreux écrits hostiles à l'Eglise anglicane et condamnés par les tribunaux à être brûlés pour cause d'impiété. « *J'écris*, dit-il un jour, *un livre qui mettra le clergé en fureur* ». Réfuté par Pope et Swift, il fut loué par Voltaire comme *le plus intrépide défenseur de la religion naturelle*.

CHAPITRE XIX.

Mort de Jean Cavalier (1740). — Considérations sur la
révocation de l'édit de Nantes.

En quittant la Hollande, Cavalier passa en Angleterre où il servit avec distinction.

La reine Anne l'accueillit avec bienveillance ; elle aimait à entendre de sa bouche le récit de ses audacieuses entreprises.

Elle lui demanda un jour s'il avait cru sérieusement aux prophètes Cévenols, et s'il était vrai, comme on le lui avait dit, qu'il avait lui-même reçu le don de prophétiser. Il répondit qu'il y avait ajouté foi, mais qu'en ce qui le concernait, l'esprit qu'il avait jadis l'avait quitté.

Les services rendus par lui à l'Angleterre et ses actes de courage lui valurent certaines distinctions et l'honneur d'être favorablement accueilli par la société anglaise. Voltaire le revit à Londres, et affirme qu'il sut se faire une place honorable dans sa patrie d'adoption.

— « J'avoue, dit de lui Malesherbes, que ce guerrier qui, sans avoir jamais servi, se trouva un grand général par le seul don de la nature ; ce paysan grossier qui, admis à vingt ans dans la société des gens bien élevés, en prit les mœurs et s'en fit aimer et estimer ; cet homme qui, habitué à une vie tumultueuse et pouvant être justement enorgueilli de ses succès, eut assez de philosophie pour jouir pendant trente-cinq ans d'une vie tranquille et privée, me paraît un des plus rares caractères que l'histoire nous ait transmis. »

Cavalier était major-général et gouverneur de l'île de Jersey (1) quand la mort le surprit, le

---

(1) Lettre écrite de Jersey par Jean Cavalier à sa cousine Bouvier, des Tavernes (commune de Ribaute, Gard).

« A Jersey, ce 26 août 1739.

» J'ay receut, ma chere cousine, la votre ans son temt ; mais j'ay ete si acablé de maux, pandant six mois, que j'ay ete a larticle de la mort plusieurs fois ; mais le bont Dieu a

28 mai 1740, à l'âge de 59 ans, à Chelsea, petite
ville bâtie par Henri II, près de Londres, et aujourd'hui un des quartiers de la capitale Anglaise.
Ses restes furent portés et inhumés dans le cime-

---

ete mon médesint, comme il a toujours ete mont protetur et
mont defansur contre tout mais ennemis ; lorsque j'ay crie a
luy, il ma toujours exauce : beni soit a jamais sont saint
nomt. Les prieres des veves et des horphelints sont montees
jusque a sont tronne, et j'espere que ma reconesance durera
aux tant que mais jour, car il ma chatie, mais comme unt
bont pere chatie ses enfant. Je suis assez bient et tabli, Dieu
soit benit, et je partirai disi aux premier jour pour aller re-
mercier a mont bon maître de se quil lui a pleu mai faire
major general, out, comme on appelle en France, maraisal de
camp general de son armee. Ont massure que le Roi a eut la
bonte de me donner unt regiment, mais je ne suis pas assure
que se soit a Londrè. Cela seroit fort heureux pour moi, car
dans ce gouvernement j'ay beaucoup de painne et de fatigue,
et je commence a me faire vieux 57 ans, et mont age et ma
loungue emdispositiont ma fors affoibli ; je vais prendre laise
eaux en Engleterre pour etre en etat de faire la guerre aux
Expagnol s'il ne veulent pas etre sage. Cependant je soite
fort la paix et la tranquilite, comme je vous la soite a tous
mais parent et amis qui craignent Dieu, et gardent ses commandement. Je nait pas le tant de crire a mont fraire et sœur,
car jait ordre dalair faire la Reveue des troupes qui sont daut
un ille tout proche dicy, et vous prie de luy faire savoyr que
je me porte assez bien, apres que je les ambrasse comme
aussi ma chere cousine nee Cavalier. Je suis ravit dapraudre
quelles ount ete toutes mariée. Je leur soite toute sorte de

tière de Dublin, en un lieu consacré aux réfugiés français. C'est là qu'ils reposent, par une bizarrerie du destin, à côté d'une de ces colonies militaires fondées en Irlande par Guillaume le Conquérant.

L'humble paysan de Ribaute, valet de berger improvisé capitaine, avait été le héros d'une des pages les plus étonnantes de l'histoire, et avait châtié sévèrement l'inhumanité du grand roi dans la plus horrible, la plus injuste, la plus inutile des guerres.

— « 100,000 hommes, dit Boulainvilliers, y trouvèrent la mort; un dixième périt par le bûcher, le gibet ou la roue. »

---

bonheur comme a vous et a tous ceux qui vous appartiennent, et je suis trais veritablemant, ma chere cousine, tout à vous.

                              « CAVALLIER. »

> Faut-il, o Dieu, que nous soyons epars
> Et que sant fin ta colerre enflammée
> Jete sur nous une épaisse fumée,
> Sur nous, Seigneur, les brebis de tes parcs ?
> A souvient toi d'unt peuple racheté,
> Qui, de tout tems techu comme en partage,
> Et du saint mont qui fut ton éritage
> Qui tout a veu par toi maime abité.
> Hate tes pas, viens confondre a jamais
> Ses ennemis...

Quel est l'historien qui pourrait fixer le nombre de ceux qui eurent le triste bonheur de fuir leur patrie à travers des souffrances et des dangers inénarrables, quand le cercle de fer qui étreignait les frontières ne pouvait parvenir à les rejeter sous le marteau qui les broyait ?

« Dispersés dans le monde entier, les fugitifs étaient destinés, surtout en Amérique, à tempérer le fanatisme puritain, à féconder les germes et à favoriser le triomphe de cet esprit d'indépendance réglé par la loi, dont les Etats-Unis nous donnent aujourd'hui les magnifiques résultats ; en Europe, à développer pour la Prusse, à accroître pour la Hollande et l'Angleterre les éléments de puissance et de prospérité que contenaient ces trois pays, dont la grandeur actuelle est en quelque sorte leur œuvre.

« N'ont-ils pas contribué, dans une certaine mesure, à les maintenir dans cette ligne politique qui les met depuis si longtemps à l'abri du despotisme, les préserve des dangers de l'anarchie, et en les empêchant d'être troublés par des révolutions qui se succèdent à des intervalles réguliers, leur assure l'inappréciable bienfait d'institutions à la fois stables et libérales ?

« Ne les ont-ils pas enrichis en perfectionnant leurs manufactures, en les dotant d'industries nouvelles, en stimulant leur activité commerciale, en leur apportant les procédés supérieurs de l'agriculture française ?

« N'ont-ils pas, en y propageant la langue et la littérature de la France, élevé le niveau de la culture intellectuelle, répandu par leurs écrits le goût des lettres, des sciences et des arts, donné enfin l'exemple de l'urbanité dans les relations sociales, de la politesse dans le langage ?

« Ce que l'étranger a gagné, la France l'a perdu.

« Ce royaume que Henri IV, Richelieu et Mazarin avaient laissé à Louis XIV couvert de gloire, puissant par les armes, prépondérant au dehors, tranquille et satisfait au dedans, il le transmit à son successeur, humilié, affaibli, mécontent, prêt à subir la réaction de la Régence et de tout le dix-huitième siècle, et placé ainsi sur la pente qui conduisait fatalement à la Révolution de 1789. (1) »

(1) Ch. Weiss, *Histoire des réfugiés protestants de France,* depuis la révocation de l'édit de Nantes jusqu'à nos jours, tom. II, p. 318.

TABLE DES MATIÈRES

Pages.

CHAPITRE I.

Révocation de l'Edit de Nantes (22 octobre 1685)....... 1

CHAPITRE II.

La guerre des Cévennes. — Laporte, sa mort (1702)... 13

CHAPITRE III.

Jean Cavalier à la tête de l'insurrection (juillet 1702)... 17

CHAPITRE IV.

Prise de Sauve par les Camisards (27 décembre 1702)... 25

CHAPITRE V.

Origine du mot Camisard......................... 31

CHAPITRE VI.

Le baron de Salgas............................. 37

Pages.

CHAPITRE VII.

Combat de la tour de Billot (29 avril 1703)........... 47

CHAPITRE VIII.

Cavalier bat les troupes royales à Martignargues (15 mars 1704).................................... 53

CHAPITRE IX.

Bataille de Nages, défaite de Cavalier (16 avril 1704)... 61

CHAPITRE X.

Entrevue de Jean Cavalier et du maréchal de Villars à Nimes (17 mai 1704) 69

CHAPITRE XI.

Traité de paix entre le maréchal de Villars et Jean Cavalier....................................... 75

CHAPITRE XII.

Cavalier quitte le Languedoc. — Son entrevue à Versailles avec Louis XIV............................ 83

CHAPITRE XIII.

Cavalier passe en Suisse........................... 91

CHAPITRE XIV.

Roland est tué au château de Castelnau (14 août 1704). 95

CHAPITRE XV.

La maison de Roland.............................. 103

CHAPITRE XVI.

Fin de l'insurrection des Cévennes. — Réflexions sur la soumission de Cavalier........................... 109

Pages.

Chapitre XVII.

Mémoires de Jean Cavalier 115

Chapitre XVIII.

Jean Cavalier en Hollande........................ 121

Chapitre XIX.

Mort de Jean Cavalier (1740). — Considérations sur la
révocation de l'édit de Nantes 127

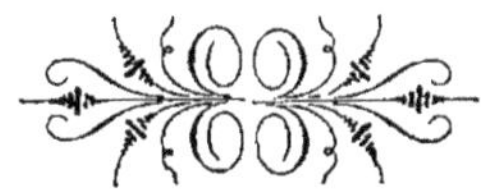